WINTER CUP 2020

OFFICIAL PHOTO BOOK

MEN'S SIDE

SoftBank ウインターカップ2020 オフィシャルフォトブック

最初で最後の全国大会

WINTER CUP 2020

激闘の記憶

2020年、唯一の高校日本一へ。高校生たちが青春をかけて戦ったWINTER CUP 2020
大きな大会の中止・延期、活動の自粛などの苦難を乗り越えた選手たちの
全力をつくした汗と涙、そして特別な想いが詰まった大会の、激闘の記憶を振り返る。

絶対に負けられないライバルとの壮絶な戦い

特別な想いを胸に
大舞台で完全燃焼！

高校バスケ日本一を目指し
全力で走り、全力で跳ぶ

WE ARE BEST 8

男子8強の戦いをプレイバック

🏆 **男子優勝** 仙台大学附属明成
（ブロック推薦／宮城）

歴史に残る大勝利を
生んだのは
揺らぐことのない
自分たちを信じる力

 SoftBank CHAMPIONS SoftBank

男子決勝 VS

東山（京都）

WIN		決勝		LOSE
仙台大学附属明成	20	1st	20	東山
（ブロック推薦／宮城）	6	2nd	20	（京都）
72	16	3rd	15	**70**
	30	4th	15	

第1クォーターは互角の展開だったが、第2クォーターで東山に主導権を握られ、一時は17点までリードを広げられる。それでも山内ジャヘル琉人や越田大翔（ともに3年）のアタック、激しいディフェンスで徐々に流れを引き寄せ、第4クォーター残り3分でついに逆転に成功。混沌とした勝負の行方は、残り5秒で山﨑一渉（2年）がリバウンドからフェイダウェイシュートを決めて決着。歴史に残る劇的な勝利を遂げた。

昨年のウインターカップはベスト8という結果に悔し涙を流した仙大明成。厳しい鍛錬、そして数多くの激戦を乗り越えた先には大きな喜びが待っていた。

　主力を務める予定だった加藤陸（3年）と菅野ブルース（2年）がケガで離脱したものの、「3年生がしっかり引っ張っていく」（越田）とあくまで強気に挑んだ仙台大学附属明成。序盤の山場とされていた開志国際戦が不戦勝となり、イレギュラーな形で昨年王者の福岡第一に挑むことになったが、エースの山﨑や3年生にして初のウインターカップとなった山内シャリフ和哉の活躍で、試合終了残り1分で逆転に成功し、勝利を飾った。

　福岡第一戦から決勝までの3試合はすべて大接戦で、第4クォーターに勝負を決めた。このような勝ち上がりについて佐藤久夫コーチは「大会を通して運が向いていた」と話し、選手たちは「自分たちのやってきたことを信じていた」と口を揃える。日頃の鍛錬を礎に、自分を信じ、一心にプレーしたことで、仙台大学附属明成は大きな幸運を引き寄せたのだ。

主力2人の離脱にも
動揺せず粘り強い
戦いぶりで頂点へ

佐藤久夫コーチコメント

勝負というのは最後まで本当にわからないものだということを、学ばせてもらった大会でした。特に決勝はあきらめかけたタイミングもあったんですが、選手たちが自分とチームの力を信じ、開き直ってがんばって、勝機をものにしてくれました。

SPECIAL INTERVIEW

優勝校代表インタビュー

信じる力、がんばる力を来年以降も引き継いで

—優勝の喜びを聞かせてください。

越田　崩れかけた時もあったんですが、それでも我慢して、自分たちのやってきたことを信じたことが優勝につながったと思います。

山﨑　点差がついても粘って、練習でやってきたことを出せました。試合に出られなかったチームもある中で優勝できたことに感謝したいです。

—山﨑選手は3年生にどんなことを学びましたか？

山﨑　調子が悪くて落ち込んでいるとき、一戸さんに「それでもお前はエースだってみんなが認めている。最後はお前がやるしかないんだよ」と言われた時はすごくうれしかったです。3年生は調子がよくない時にでも、がんばれる力がすごかった。自分たちは久夫先生に「3年生のがんばりに追いついていないぞ」ってよく言われるので、それを改善し、来年はもっと強いチームを作って全国大会に帰ってきたいです。

—越田選手、後輩たちへのエールをお願いします。

越田　自分たちだって優勝できたんだから、後輩たちも絶対に優勝できる。明成の伝統を引き継いでほしいです。特に、今大会出られなかった菅野くんにはがんばってほしいです。

越田大翔（左）、山﨑一渉（右）

TOURNAMENT PLAYBACK

| 男子準決勝 | VS | 北陸 （福井） | 60-58 |

| 男子準々決勝 | VS | 福岡第一 （ブロック推薦／福岡） | 64-61 |

| 男子2回戦 | VS | 県立和歌山工業 （和歌山） | 127-56 |

BACKYARD EPISODE

190センチ超のビッグマンたちが
小型選手と同様に動ける強みを発揮

2019年度より、190センチ超の大型選手を4～5人同時起用し、全員が機動力と技術力を兼ね備えた小型選手と同じようにプレーできるスタイルを目指している仙台大学附属明成。40年超えの指導歴を誇る佐藤コーチが「初めての挑戦で試行錯誤している」と話していたが、今大会はこれがガッチリとハマった。腕の長さと機動力をフルに活かしたゾーンディフェンスと、192センチの越田や199センチの山﨑の内外自在なアタック。その威力は留学生センターを擁するチームを相手にしても、とてつもない破壊力があった。「選手たちの未来がより開ければとの思いで大型化に挑戦している」と佐藤コーチ。新しい日本バスケの形が見えた。

🏆 男子準優勝 **東山** (京都)

念願のVにはあと一歩届かずも
魅力的な走るバスケで
最後まで試合を楽しんだ

男子決勝 VS

仙台大学附属明成 (ブロック推薦／宮城)

70 - 72

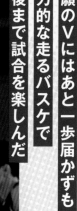

中川泰志 (3年) や西部秀馬 (2年) らのアタックから流れを掴み、ムトンボ ジャン ピエール (3年) の攻守にわたる大活躍により14点リードで前半を折り返し。しかし後半、仙台大学附属明成のディフェンスにペースを乱され、「思い切りの良さが消えてしまった」と大澤徹也コーチ。2点差を追うラストオフェンスもブロックに阻まれ、優勝の夢がついえた。

大 会 総 評 TOURNAMENT REPORTS

　3回戦の福岡大学附属大濠戦に大勝し、準々決勝の報徳学園戦も、ムトンボのファウルトラブルを乗り越えて快勝。1年生から主力を務める米須玲音（3年）、ムトンボを軸に、中川、西部という走れるウイングが揃ったことで、東山にはインサイドを活かした確実な攻撃に、素早い攻守の切り替えというさらなる武器が加わった。11月のウインターカップ京都府予選決勝で洛南に破れ、一時はどん底に落ちたが、「勝ち上がるにつれてチームが1つになっている」と米須が語るほどに結束力は高まっていった。

　念願の日本一にあと一歩手が届かなかったが、米須は「本当の意味でチーム一丸になれた大会でした。目標としていた『楽しんでプレーすること』も達成できたと思います」と総括した。

大澤徹也コーチコメント

今年のチームは本当に楽しいバスケをやってくれたので、1か月前くらいから「大会が終わったらもう一緒にできないのか」という寂しさがありました。あと一歩届かなかったのは私の責任。選手たちはチームプレーで本当に一生懸命戦い、希望を与えてくれました。

TOURNAMENT PLAYBACK

男子準決勝 VS 洛南（ブロック推薦／京都） **87-67**

男子準々決勝 VS 報徳学園（兵庫） **92-74**

男子3回戦 VS 福岡大学附属大濠（福岡） **94-65**

男子3位 ▶ 洛南 （ブロック推薦／京都）

男子準決勝 **VS**

東山 （京都）

67 - 87

エースの負傷欠場というアクシデントも 第1シードの誇りを持って戦い抜いた

大会総評 TOURNAMENT REPORTS

　ウインターカップ京都府予選でライバル東山を下し、第1シードとして今大会に挑んだ洛南。初戦の桜丘戦で2点差の大接戦を制すると、その後も順当に勝ち上がっていったが、準々決勝の正智深谷戦の終盤でエースの小川敦也（3年）が負傷し、以後は出場できないことになった。東山との京都対決となった準決勝は、「決勝に進んで、小川を大会ベスト5に」との思いで、大石日向や淺野ケニーら3年生が意地をみせたが最後は力尽き、3位で大会をフィニッシュ。キャプテン・西村慶太郎（3年）は「大会を開催してくれたことと、洛南を応援していただいた方々に感謝したい」と話した。

TOURNAMENT PLAYBACK

男子準々決勝 **VS** 正智深谷 （埼玉） **81-69**

男子3回戦 **VS** つくば秀英 （茨城） **83-69**

男子準決勝 VS

仙台大学附属明成 （ブロック推薦／宮城）

58 - 60

男子3位 北陸 （福井）

昨年とは異なるプレースタイルに順応し
2年連続となる堂々3位入賞

大会総評 TOURNAMENT REPORTS

2019年はインターハイ準優勝、ウインターカップ3位と躍進した北陸だが、主力の入れ替わりやプレースタイルの再構築もあり「今大会は1試合1試合勝ち上がっていった感じだった」と久井茂稔コーチ。昨年超えの成績を目指して挑んだ準決勝は、米本信也や加藤大成（ともに3年）のシュートで第4クォーター中盤に逆転するも、「もっと積極的にアタックすればよかった」と土家拓大（3年）が振り返るように、仙台大学附属明成の勢いにのまれてしまったのが悔やまれる。ラストシュートを落とした土家は「僕が泣くわけにはいかない。チームメートのおかげで楽しい試合でした」と気丈だった。

TOURNAMENT PLAYBACK

男子準々決勝 VS **尽誠学園** （ブロック推薦／香川） 86-81

男子3回戦 VS **県立宇都宮工業** （栃木） 91-58

男子ベスト8 報徳学園（兵庫）

過去2大会連続でベスト8止まりとなった報徳学園は、「今年こそはそれ以上を」と渇望してきた。準々決勝の相手は、前回大会と同じく東山。序盤はコンゴロー デイビッド（3年）のインサイドを中心に得点しリードするも、相手の3ポイントシュートを最後まで止められず、今回もベスト4入りを果たすことはできなかった。19得点をマークした宇都宮陸（3年）は、1年生の時からともに出場してきたコンゴローと丸山賢人（3年）に対して「次は大学で対戦相手として切磋琢磨したいです」と話した。

念願のベスト4入りは惜しくもならず
苦楽をともにした仲間と新たな目標へ

男子ベスト8 尽誠学園（ブロック推薦／香川）

13度目の出場となった尽誠学園は、初戦から100点ゲームで勝利を収めベスト8まで進出した。準優勝を果たした2012年以来となったメインコートでの準々決勝では、北陸と対戦。佐藤涼真、高村駿佑、松尾河秋（ともに3年）のトリプルキャプテンを中心に3ポイントシュートをチームで14本沈めて5点差まで迫るも北陸には届かず、先輩たちを越えることはできなかった。「練習でやってきたことに加え、最後まで気持ちを出してやり切ってくれました」と色摩拓也コーチは選手たちをねぎらった。

トリプルキャプテンを軸に
下馬評を覆す好ゲームを展開

男子ベスト8 正智深谷 (埼玉)

大会総評 TOURNAMENT REPORTS

「ミスター・ダブルダブル」の太田誠 (3年) を軸に、シューターの大滝唯人、インサイドの藤平皓成 (ともに3年) とバランスのいい布陣で挑んだ正智深谷。初戦で留学生センターを擁する高知中央を破ると、その後のトーナメントを勢いよく駆け上がり、同校初となるメインコートへ。洛南戦は終始主導権を握れなかったが「今まで夢に見てきたメインコートの景色は最高でした」と太田。この舞台を経験した関河虎南 (2年)、ルーニー慧 (1年) ら下級生に、新たな歴史が受け継がれた。

夢に見た同校初のメインコート
この経験を次なる夢につなぐ

男子ベスト8 福岡第一 (ブロック推薦／福岡)

大会総評 TOURNAMENT REPORTS

今大会の優勝候補筆頭と見られていた福岡第一にとっては、まさかのベスト8止まりだった。井手口孝コーチは「言い訳にはしたくないですが、コロナ禍でうちの命綱である練習量がまったく確保できなかったのが痛かったです」とコメント。試合中の負傷で思うようなプレーができなかったハーパー ジャン ローレンス ジュニア (3年) は「自分がエースとしてチームを勝たせきれなくて悔しいです」と号泣した後、「来年こそ、この舞台で優勝してほしい」と後輩たちにメッセージを送った。

前回王者は失意の準々決勝敗退
後輩たちにリベンジの想いを託す

ALL MATCHES REVIEWS

WINTER CUP 2020　全試合完全網羅

男子トーナメント表

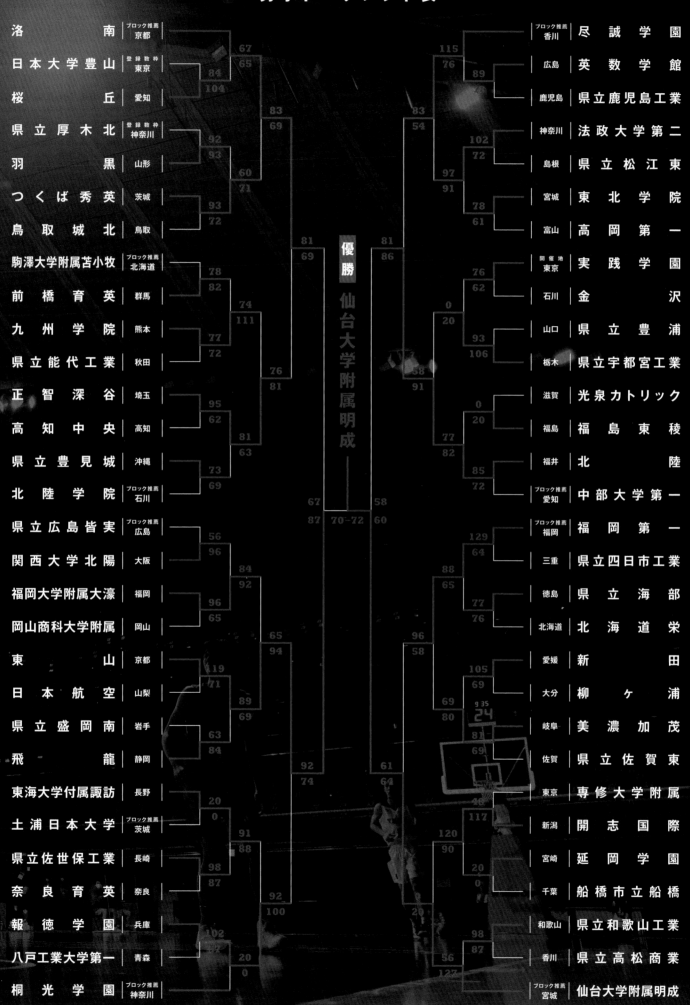

優勝 仙台大学附属明成

左側（上から）
- 洛南 ｜ ブロック推薦 京都
- 日本大学豊山 ｜ 登録数枠 東京
- 桜丘 ｜ 愛知
- 県立厚木北 ｜ 登録数枠 神奈川
- 羽黒 ｜ 山形
- つくば秀英 ｜ 茨城
- 鳥取城北 ｜ 鳥取
- 駒澤大学附属苫小牧 ｜ ブロック推薦 北海道
- 前橋育英 ｜ 群馬
- 九州学院 ｜ 熊本
- 県立能代工業 ｜ 秋田
- 正智深谷 ｜ 埼玉
- 高知中央 ｜ 高知
- 県立豊見城 ｜ 沖縄
- 北陸学院 ｜ ブロック推薦 石川
- 県立広島皆実 ｜ ブロック推薦 広島
- 関西大学北陽 ｜ 大阪
- 福岡大学附属大濠 ｜ 福岡
- 岡山商科大学附属 ｜ 岡山
- 東山 ｜ 京都
- 日本航空 ｜ 山梨
- 県立盛岡南 ｜ 岩手
- 飛龍 ｜ 静岡
- 東海大学付属諏訪 ｜ 長野
- 土浦日本大学 ｜ ブロック推薦 茨城
- 県立佐世保工業 ｜ 長崎
- 奈良育英 ｜ 奈良
- 報徳学園 ｜ 兵庫
- 八戸工業大学第一 ｜ 青森
- 桐光学園 ｜ ブロック推薦 神奈川

右側（上から）
- 尽誠学園 ｜ ブロック推薦 香川
- 英数学館 ｜ 広島
- 県立鹿児島工業 ｜ 鹿児島
- 法政大学第二 ｜ 神奈川
- 県立松江東 ｜ 島根
- 東北学院 ｜ 宮城
- 高岡第一 ｜ 富山
- 実践学園 ｜ 開催地 東京
- 金沢 ｜ 石川
- 県立豊浦 ｜ 山口
- 県立宇都宮工業 ｜ 栃木
- 光泉カトリック ｜ 滋賀
- 福島東稜 ｜ 福島
- 北陸 ｜ 福井
- 中部大学第一 ｜ ブロック推薦 愛知
- 福岡第一 ｜ ブロック推薦 福岡
- 県立四日市工業 ｜ 三重
- 県立海部 ｜ 徳島
- 北海道栄 ｜ 北海道
- 新田 ｜ 愛媛
- 柳ヶ浦 ｜ 大分
- 美濃加茂 ｜ 岐阜
- 県立佐賀東 ｜ 佐賀
- 専修大学附属 ｜ 東京
- 開志国際 ｜ 新潟
- 延岡学園 ｜ 宮崎
- 船橋市立船橋 ｜ 千葉
- 県立和歌山工業 ｜ 和歌山
- 県立高松商業 ｜ 香川
- 仙台大学附属明成 ｜ ブロック推薦 宮城

東山 #9 ムトンボ ジャン ピエール

県立宇都宮工業 #5 大出 雅輝

九州学院 #7 中野 友都

県立豊見城 #7 渡久地 政睦

県立海部 #10 細川 翔平

挑

熱

絆

歓

日本大学豊山（登録数枠／東京） 桜丘（愛知） 英数学館（広島） 県立鹿児島工業（鹿児島） 県立和歌山工業（和歌山） 県立高松商業（香川）

日本大学豊山（登録数枠／東京）○ 84 － 104 ● 桜丘（愛知）

新井大悟（2年）の3ポイントシュートなどで好スタートをきった日本大学豊山。しかし、留学生のセン マム リバス（3年）を中心にインサイドで着実に得点を重ねた桜丘がリードを奪う。日本大学豊山も健闘したが、その差は最後まで縮まらなかった。

PICK UP PLAY!!

県立和歌山工業の夏原陽平（3年）は175センチと身長が高くはないが、得点だけでなくリバウンドも21を記録するなど大活躍。まさにチームのエンジンとして輝きを放っていた。

英数学館（広島）●89－78○ 県立鹿児島工業（鹿児島）

スタートダッシュに成功した英数学館が、追い上げる県立鹿児島工業を振り切った。英数学館の野宮惰由（3年）はこの試合にフル出場し、終盤も含め3ポイントシュートを7本中5本決めた。県立鹿児島工業は6人が2桁得点を記録するも及ばず。

県立和歌山工業（和歌山）●98－87○ 県立高松商業（香川）

県立和歌山工業の得点源、シューティングガードの夏原陽平が躍動し32得点を記録。チームとしてもすべてのクォーターで20点以上をあげ、安定した攻撃力を発揮した。県立高松商業も第4クォーターで37得点と爆発力をみせたが、時すでに遅し。

1回戦 ALL MATCHES REVIEWS

報徳学園（兵庫）　八戸工業大学第一（青森）　正智深谷（埼玉）　高知中央（高知）　県立豊見城（沖縄）　北陸学院（ブロック推薦／石川）

報徳学園（兵庫）● 102 － 57 ○ 八戸工業大学第一（青森）

報徳学園のコンゴロー デイビッド（3年）がゴール下での圧倒的な存在感をみせつけ、第1クォーターは八戸工業大学第一の攻撃を4点に抑える活躍。コンゴローはこの試合42得点と攻撃でも点を積み重ね、報徳学園が100点ゲームで1回戦を突破した。

PICK UP PLAY!!

この試合フル出場の県立豊見城のエース・渡久地政睦（3年）が終盤で大爆発。対する北陸学院は第4クォーターまでリードしながらも、勢いに乗る渡久地を止めることができず逆転を許した。

正智深谷（埼玉）● 95 － 62 ○ 高知中央（高知）

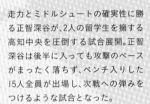

走力とミドルシュートの確実性に勝る正智深谷が、2人の留学生を擁する高知中央を圧倒する試合展開。正智深谷は後半に入っても攻撃のペースがまったく落ちず、ベンチ入りした15人全員が出場し、次戦への弾みをつけるような試合となった。

県立豊見城（沖縄）● 73 － 69 ○ 北陸学院（ブロック推薦／石川）

悲願の初戦突破を目指し3年連続3回目の出場となる県立豊見城が、ブロック推薦で出場した北陸学院に挑んだ試合。県立豊見城のエース渡久地が44得点と大暴れし、特に第4クォーターには3ポイントシュート3本を含む19得点をマークした。

九州学院（熊本） 県立能代工業（秋田） 駒澤大学附属苫小牧（ブロック推薦／北海道） 前橋育英（群馬）

九州学院（熊本）● 77－72 ○ 県立能代工業（秋田）

2021年早春から校名が変わる県立能代工業にとって、この校名で全国大会に出場するのは最後。そのプレッシャーもあったのか、第4クォーターで九州学院に逆転を許してしまう。九州学院のキャプテン、中野友都（3年）は38得点と実力を発揮した。

PICK UP PLAY!!

前橋育英の粘り強さが目を引いた。オフェンスリバウンドの数が駒澤大学附属苫小牧の12に対して、前橋育英は25。繰り返しリングに迫ったことがこの数字からも見て取れる。

WINTER CUP 2020
ANOTHER STORY

県立能代工業
（秋田）

日本一の名門の名前を
再び頂点に掲げたい……
選手たちの願いは
あえなく散った

「能代工業」としてラストの大会は、無念の初戦敗退に

全国最多58回の全国制覇を誇る名門・県立能代工業は、2021年の学校統合で校名が能代科学技術に変わる。故に、「能代工業」の名で臨む最後の全国大会となった今大会には、多くのファンが注目していた。

キャプテンの中山玄己（3年）は「能代工業として最後の大会ということを意識して、もう一度日本一を取りたい」と全国制覇を目標に掲げたが、「いつになくミスが多く、自分たちのプレーが出せなかった」と小野秀二コーチが振り返るように最後まで硬さが取れず、第4クォーター5分で逆転されると、そのまま巻き返しはならなかった。中山は「校名が変わってもスタイルを変えず、自分たちよりレベルの高い走るバスケットを築いてほしい」と、後輩たちに最後のエールを送った。

駒澤大学附属苫小牧（ブロック推薦／北海道）○ 78 － 82 ● 前橋育英（群馬）

総力戦となったこの試合。前半終了時点では駒澤大学附属苫小牧が8点をリードする。前橋育英にとっては苦しい展開だったが、後半怒涛の攻めをみせ、最後まで諦めず徐々にペースを掴んで第4クォーターにとうとう試合をひっくり返して4点差で勝利した。

県立厚木北（登録数枠／神奈川）　羽黒（山形）　つくば秀英（茨城）　鳥取城北（鳥取）

県立厚木北（登録数枠／神奈川）○ 92 － 93 ● 羽黒（山形）

終盤まで羽黒がリードする展開だったが、県立厚木北も意地を見せ、第4クォーターにとうとう追いつき今大会唯一のオーバータイムへと突入。最後の最後までもつれたこの試合を決めたのは、羽黒の東根翔真（3年）が放った3ポイントシュートだった。

PICK UP PLAY!!

この試合で13本もの3ポイントシュートを成功させたつくば秀英。特に鈴木治輝（3年）は身長188センチのパワーフォワードでありながら、6本もの3ポイントを沈めてみせた。

県立厚木北は初の全国大会で
大いに笑い、大いに泣いた
そして0.9秒の後悔……
14点差の大逆転劇と延長戦

県立厚木北

（登録数枠／神奈川）

念願の舞台を堂々戦い抜いた初出場校

飯塚貴行コーチ赴任6年目にして、全国初出場を果たした県立厚木北。出だしで初出場とは思えない堂々としたプレーをみせたが、後半の序盤で14点差をつけられた。

しかし「このまま出しきれないまま終わったらダメだ」と気持ちを入れ替えた濱田眞平（3年）を中心とした猛攻で、第4クォーター残り1分で逆転に成功。延長戦でも主導権を握ったが、残り0.9秒で3ポイントシュートを決められ、逆転負け。試合後、選手たちの嗚咽は長く続いた。

敗れはしたものの、1年生から全国を目指し努力してきた3年生たちは、初めての舞台で最後まで力をつくした。「自分たちが目指してきたものを発揮できました。悔いはありません」と、濱田は晴れ晴れとした表情で話した。

つくば秀英（茨城）●93－72○鳥取城北（鳥取）

つくば秀英はシュートを高確率で決め、安定したオフェンスで得点を重ねる。一方の鳥取城北は、谷口諒（2年）が4本の3ポイントを決めるなど、高さに勝る相手に対しアウトサイドと運動量で対抗するが、最後までリードを奪うことはできなかった。

県立広島皆実（ブロック推薦／広島）　関西大学北陽（大阪）　福岡大学附属大濠（福岡）　岡山商科大学附属（岡山）

県立広島皆実（ブロック推薦／広島）○ 56 － 96 ● 関西大学北陽（大阪）

関西大学北陽のエース・金近廉（3年）が3ポイントシュート3本を含む33得点の活躍をみせたほか、宇野翔流（1年）も3ポイント5本を含む24得点をあげるなど、関西大学北陽が危なげなく初戦を突破。県立広島皆実は昨年と同じく悔しい1回戦敗退に。

PICK UP PLAY!!

ベンチ入りメンバー15人全員がプレータイムを得た福岡大学附属大濠は、2桁得点が5人。堅いディフェンスとどこからでも点が取れる多彩な攻撃で岡山商科大学附属を寄せつけなかった。

岡山商科大学附属（岡山）○ 56 － 96 ● 関西大学北陽（大阪）

PICK UP PLAY!!

関西大学北陽の宇野は3ポイント5本中5本、2ポイント4本中4本を成功させ、なんとフィールドゴール確率が100%。試合時間の半分以上出場し、1年生にしてその存在感は抜群のものがあった。

福岡大学附属大濠（福岡）● 96 － 65 ○ 岡山商科大学附属（岡山）

昨年準優勝の福岡大学附属大濠が昨年ベスト16の岡山商科大学附属と1回戦で激突。福岡大学附属大濠が危なげなく2回戦へと駒を進めた。岡山商科大学附属のエース、森山ロバート隼太（3年）は31得点し活躍したが、チームを勝利には導けなかった。

東山（京都）　日本航空（山梨）　県立盛岡南（岩手）　飛龍（静岡）　県立佐世保工業（長崎）　奈良育英（奈良）

東山（京都）● 119 － 71 ○ 日本航空（山梨）

前回のウインターカップで準決勝まで勝ち進み、今大会で悲願の初優勝を目指す東山と2年連続出場の日本航空が激突。東山のキャプテン、米須玲音（3年）とエースに成長した西部秀馬（2年）の速攻が面白いように決まり、危なげなく東山が勝利した。

PICK UP PLAY!!

チーム最長身でシューターを務める県立佐世保工業の立石天馬（3年）。この試合でも3本の3ポイントシュートを決めるなど、得点源としてチームに勢いをもたらした。

県立盛岡南（岩手）○ 63 － 84 ●飛龍（静岡）

前半は競った展開となるが、後半に入ると飛龍の攻撃に勢いが出て県立盛岡南を突き放す。飛龍のエース、古大内雄梨（3年）は3ポイントシュート4本を含む26得点。県立盛岡南の佐藤歩（3年）は得意の3ポイントを6本決めるなど意地をみせた。

県立佐世保工業（長崎）● 98 － 87 ○ 奈良育英（奈良）

コンスタントに得点を積み重ねた県立佐世保工業が奈良育英に快勝。県立佐世保工業は4人の選手が3ポイントシュートを2本以上決めるなどシュート力をみせつけた。奈良育英の吉本有佑（2年）はフル出場して36得点と気を吐いたがあと一歩及ばず。

東北学院（宮城）　高岡第一（富山）　法政大学第二（神奈川）　県立松江東（島根）

東北学院（宮城）● 78 － 61 ○ 高岡第一（富山）

若いチームで大会に挑む東北学院は、センター・木村祐誠（2年）がコンスタントに点を積み上げ、この試合36得点の大活躍。高岡第一はエース・バガンブーラ 光（3年）が13リバウンド25得点と健闘をみせるも、終始リードを許したまま無念の敗退。

PICK UP PLAY!!

法政大学第二の司令塔、新藤玄（3年）は自ら仕掛けるタイプのポイントガード。獲得したフリースローは8本中7本決めた。最多得点はキャプテンの佐藤悠真（3年）で23点だった。

ウインターカップを戦ったのは
選手だけじゃない
プレッシャーをはねのけ
見事に大役を果たした

三浦海音
（都立小山台3年）

史上初の高校生審判が堂々たるジャッジを披露

コロナ禍で地方の上級審判を招集できない状況を受け、大会史上初となる高校生審判がウインターカップの舞台に立った。都立小山台3年の三浦海音だ。

三浦は男子1回戦の2試合を担当。これまでにも高校の都大会や社会人大会で審判を経験しているだけあって、他のクルーのスコアミスを直ちに訂正したり、転倒した選手を「大丈夫？」と気遣ったりと、高校生であることを一切感じさせないジャッジを披露した。

「プレッシャーはありましたが、やると決めたからには高校生だろうが大人だろうが条件は一緒ととらえ、準備してきたことをコートの上でしっかり発揮できました」と充実感をにじませた。

法政大学第二（神奈川）● 102 － 72 ○ 県立松江東（島根）

序盤から勢いに乗る法政大学第二に対し、県立松江東はファウルを重ねてしまう。法政大学第二は獲得したフリースローを75％という高い確率で決め、着実に得点を増やしていった。終わってみれば法政大学第二が100点ゲームで見事に初戦を突破。

実践学園（開催地／東京）　金沢（石川）　県立豊浦（山口）　県立宇都宮工業（栃木）　福岡第一（ブロック推薦／福岡）　県立四日市工業（三重）

実践学園（開催地／東京）● 76 － 62 ○ 金沢（石川）

2年生を主体としている実践学園はこの試合に出場したのは6人のみで、4人がフル出場した。その影響もあってか後半は金沢に追い上げられる展開となったが逃げ切りに成功。2回戦は棄権となってしまったが、来年はさらに強くなって戻ってくることだろう。

PICK UP PLAY!!

福岡第一のキャプテン、ハーパー ジャン ローレンス ジュニア（3年）は出場時間15分にもかかわらず10アシストを記録。鋭いパスで速攻に迫力を生み、攻撃のリズムをつくり出していた。

県立豊浦（山口）○ 93 － 106 ● 県立宇都宮工業（栃木）

点の取り合いとなったこの試合、序盤から攻勢をかけた県立宇都宮工業が逃げ切る形となった。県立宇都宮工業は大出雅輝と鈴木聡汰（ともに3年）の2人で64得点。3ポイントシュートも高確率で決めた。県立豊浦は第4クォーターに39得点し意地をみせた。

福岡第一（ブロック推薦／福岡）● 129 － 64 ○ 県立四日市工業（三重）

ウインターカップ2連覇中で今大会も優勝候補筆頭の福岡第一に県立四日市工業が挑むも、第1クォーター終了時点で33点もの大差をつけられてしまった。福岡第一はベンチ入りした15人すべてが10分以上のプレータイムを記録し、129得点の好スタート。

県立海部（徳島）　北海道栄（北海道）　専修大学附属（東京）　開志国際（新潟）　新田（愛媛）　柳ヶ浦（大分）

県立海部（徳島）● 77－76 ○ 北海道栄（北海道）

大接戦となったこの試合、じわじわと追い上げた県立海部が1点差で勝利をもぎ取った。県立海部の細川翔平（3年）は要所で得点し、3ポイントシュート3本を含む34得点。北海道栄は多田悠馬（3年）の5本を含む計10本の3ポイントを決めたが及ばず。

PICK UP PLAY!!

開志国際の多彩な攻撃をコントロールするポイントガードの石原史隆（3年）。この試合では自身でも4本の3ポイントシュートを決めるなど、チームの勝利に大きく貢献。

専修大学附属（東京）○ 48 ― 117 ● 開志国際（新潟）

隙がなく圧力を感じさせる開志国際のディフェンスに攻めあぐねる専修大学附属。それに対し開志国際は留学生の高さを活かした攻撃や、正確性の高いミドルシュートで得点を積み重ねていく。最後まで攻撃の手をゆるめなかった開志国際が117得点で圧勝。

新田（愛媛）● 105 ― 69 ○ 柳ヶ浦（大分）

試合開始から怒涛の攻撃で得点を奪い続けた新田は前半だけで62得点を記録。柳ヶ浦は身長200センチの留学生、ガンホヤグ ドゥルグーン（2年）が39得点の大暴れをみせるも、出場した15人全員が得点を記録した新田の総合力に屈した。

美濃加茂（岐阜）　県立佐賀東（佐賀）　北陸（福井）　中部大学第一（ブロック推薦／愛知）

美濃加茂（岐阜）● 81 － 69 ○ 県立佐賀東（佐賀）

美濃加茂は落合旭、渡邊翔豪（ともに3年）らの連続得点で序盤からリードを奪い、留学生の高さを活かした攻撃でゲームの主導権を握る。一方の県立佐賀東は、強力な美濃加茂のインサイド攻撃にファウルが重なり、最後までペースを掴めず1回戦で姿を消した。

PICK UP PLAY!!

北陸はエース級の3年生が活躍する中、とくにこの試合で目をひいたのは留学生のコナティモディボ（1年）だった。24得点19リバウンド10ブロックショットと存在感を見せつけた。

PICK UP
PLAY!!

身長200センチを超す2人の留学生、アーノルド アジャイ(3年)とモーゼス ダイラ(1年)を擁する美濃加茂はがゴール下を常に支配。この試合の2人だけで合計25ものリバウンドを記録した。

北陸 (福井)●85－72○ 中部大学第一 (ブロック推薦／愛知)

前回のウインターカップで準決勝まで勝ち上がった北陸と、ブロック推薦で出場の中部大学第一という1回戦屈指の好カード。土家拓大、小川翔矢、米本信也 (ともに3年) といった2年時から活躍するタレント揃いの北陸が一歩抜け出すことに成功した。

福岡第一 #31 ハーパー ジャン ローレンス ジュニア

福岡大学附属大濠 #14 西田 陽成

2回戦

ALL MATCHES REVIEWS　2nd Round

開志国際 #5 ジョーンズ 大翔

関西大学北陽 #8 金近 廉

北陸 #4 土家 拓大

挑

熱

涙

絆

洛南（ブロック推薦／京都）　桜丘（愛知）　尽誠学園（ブロック推薦／香川）　英数学館（広島）

洛南（ブロック推薦／京都）● 67 ― 65 ○ 桜丘（愛知）

上位常連の2校が早くも2回戦で激突。試合は洛南優勢のまま終盤を迎えるが、残り1分余りのところで桜丘の松野遥弥（2年）が連続3ポイントシュートを決め、とうとう同点に。しかし、ここから冷静に試合を進めた洛南が2点差で勝利を掴んだ。

PICK UP PLAY!!

尽誠学園はメンバー全員が出場を果たし、澤田大夢（2年）が18得点をあげるなど、途中出場の選手も持ち味であるチームバスケをしっかりと遂行し、全員が得点を記録した。

残り16秒2点差　チームはラストオフェンスでキャプテンに逆転の夢を託したが……

桜丘
（愛知）

強豪校の対決は大接戦に……桜丘キャプテン・野澤登真の悔し涙

ウインターカップ常連の強豪、洛南と桜丘の試合は開始から一進一退の攻防が繰り返される接戦に。地力に勝る洛南が徐々に点差を広げ、試合終了まで残り3分半で10点差をつけた。

しかし、桜丘はここから猛然と追い上げた。主役はキャプテンの野澤登真（3年）。「暗くなっちゃダメだ。楽しまなきゃもったいないぞ」と仲間たちを鼓舞する大黒柱が放った、この試合初となる3ポイントシュートが決まると、一気に同点にこぎつけた。しかし残り7秒、野澤が左コーナーから放った逆転の3ポイントシュートは無情にもネットを通過せず。試合後、「あと一歩でした」と野澤は涙を流しながらも、「あのシュートを打たせてくれたみんなに感謝をしたい」と話した。

尽誠学園（ブロック推薦／香川）● 115 ― 76 ○ 英数学館（広島）

ウインターカップ初出場で2回戦に勝ち進んだ英数学館が大会常連の尽誠学園に挑む。試合は序盤から激しいプレッシャーディフェンスで勢いを掴んだ尽誠学園が終始相手を圧倒し、115得点で快勝。尽誠学園はベンチ入りの15人全員が出場を果たす。

県立和歌山工業（和歌山） 仙台大学附属明成（ブロック推薦／宮城） 前橋育英（群馬） 九州学院（熊本） 羽黒（山形） つくば秀英（茨城）

県立和歌山工業（和歌山）○ 56 － 127 ● 仙台大学附属明成（ブロック推薦／宮城）

前回大会でも対戦した両チームが再び対戦。リベンジに燃える県立和歌山工業だったが、仙台大学附属明成の高さと衰えないスピードの前に徐々に点差が開いていく。仙台大学附属明成は濃色ユニフォームをこれまでのえんじ色から黒へと変えて登場した。

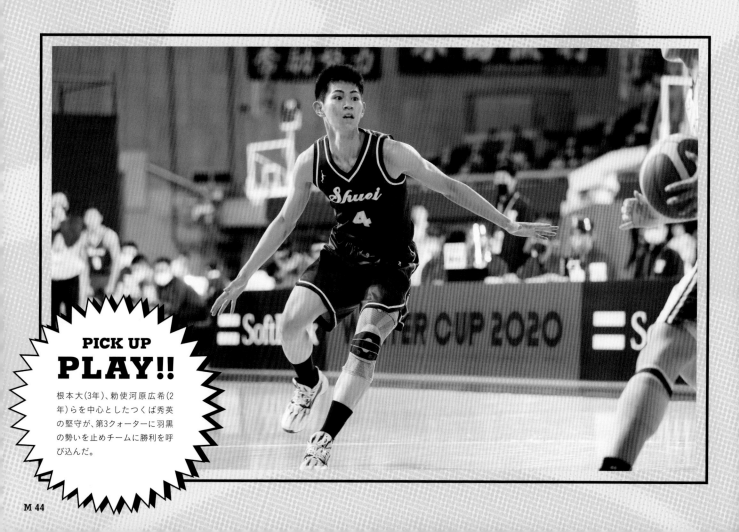

PICK UP
PLAY!!

根本大（3年）、勅使河原広希（2年）らを中心としたつくば秀英の堅守が、第3クォーターに羽黒の勢いを止めチームに勝利を呼び込んだ。

前橋育英（群馬）○ 74 ー 111 ● 九州学院（熊本）

ウインターカップ常連校同士の対戦。九州学院は1回戦で県立能代工業を撃破した勢いそのままに、スタートから激しい攻撃を展開。前橋育英も応戦するが、後半に入るとまたペースを握られてしまう。九州学院の中野友都(3年)は37得点とこの試合でも活躍。

羽黒（山形）○ 60 ー 71 ● つくば秀英（茨城）

前半は羽黒1点リードで折り返すも、後半に入るとアグレッシブなディフェンスからつくば秀英がペースを握る。羽黒にとっては6得点で終わってしまった第3クォーターが悔やまれる結果に。22得点したつくば秀英の齊藤雄都(3年)が得点源となり、勝利に貢献。

関西大学北陽（大阪）　福岡大学附属大濠（福岡）　正智深谷（埼玉）　県立豊見城（沖縄）

関西大学北陽（大阪）○ 84 － 92 ● 福岡大学附属大濠（福岡）

立ち上がりからオールコートディフェンスでプレッシャーをかける福岡大学附属大濠。関西大学北陽も追い上げをみせ、エースの金近廉（3年）は最終盤にかけても連続得点するなど奮闘したが、総合力をみせた福岡大学附属大濠が8点差で逃げ切った。

PICK UP PLAY!!

正智深谷のキャプテン、太田誠（3年）はシュートの正確性に定評があるが、この試合ではリバウンドも14とチームナンバーワンの数字を記録。攻守にわたり冷静にチームを統率していた。

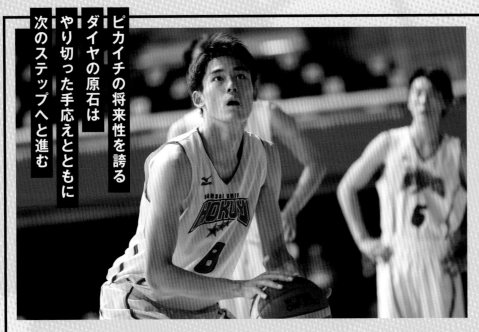

ピカイチの将来性を誇る
ダイヤの原石は
やり切った手応えとともに
次のステップへと進む

金近廉
（関西大学北陽3年）

今大会を代表する"怪物"・金近廉、強豪相手にトリプルダブルを達成！

196センチの長身と抜群の身体能力、幅広いプレーエリアを誇る関西大学北陽の金近は、今大会屈指の注目プレーヤー。1回戦の県立広島皆実戦では28分出場で33得点（うち3ポイントシュート3本）15リバウンドをあげ、大一番の福岡大学附属大濠戦では敗れたものの34得点12リバウンド10アシストのトリプルダブルを達成。大型チームを相手に豪快なダンクも披露した。

試合後ほどなくミックスゾーンに現れた金近は、意外にも清々しい表情。「悔しいですけれど、今回の大会は自分の中でやり切ったという感じ。パスを回してくれたチームメート、ここまで成長させてくれた監督に感謝しています」と話し、高校バスケに別れを告げた。

正智深谷（埼玉）● 81 − 63 ○ 県立豊見城（沖縄）

第1クォーターのオフェンスの正確性の差がそのまま結果につながった試合。正智深谷はその後も丁寧なシュートで着実に得点を積み重ねていった。県立豊見城も後半に入るとペースを掴んだが、エンジンがかかるのがやや遅すぎた感は否めない。

東山（京都） 飛龍（静岡） 東海大学付属諏訪（長野） 県立佐世保工業（長崎）

東山（京都）● 89 － 69 ○ 飛龍（静岡）

優勝候補の東山とU16日本代表メンバーに選ばれた保坂晃毅（3年）を擁する飛龍が対戦。序盤にペースを掴んだ東山に3ポイントシュートで食い下がる飛龍。しかし後半に入りギアを上げた東山が一気に点差を広げ、勝負をつけた。

PICK UP PLAY!!

県立佐世保工業の松山泰智（3年）は31得点の大活躍。中でも3ポイントシュートは7本打って5本成功させるなど、東海大学付属諏訪に脅威を与え続ける存在として好勝負を演出した。

PICK UP
PLAY!!
この試合でもっとも輝きを放ったのは東山のムトンボ ジャン ピエール（3年）。22得点に15リバウンドとゴール下を支配し、チームに安心感を与えていた。

東海大学付属諏訪（長野）● 91 － 88 ○ 県立佐世保工業（長崎）

抜きつ抜かれつの接戦となったこの試合。テンポよく得点を重ねる県立佐世保工業に対し、東海大学付属諏訪は後半、ディフェンスのがんばりからとうとう逆転に成功。その後も食い下がる県立佐世保工業の猛攻を受けるが、なんとか逃げ切ることに成功した。

法政大学第二（神奈川）　東北学院（宮城）　新田（愛媛）　美濃加茂（岐阜）

法政大学第二（神奈川）● 97 － 91 ○ 東北学院（宮城）

法政大学第二はスタートから勢いのある攻撃で東北学院に隙を与えなかった。対する東北学院も徐々にペースを掴み、第4クォーターには38得点とその攻撃力の高さを発揮したが、すでについた点差は大きく、追いつくことはできなかった。

PICK UP PLAY!!

チーム最高となる21得点をあげ、追い上げる新田の原動力となった岡田勇輝（3年）。ディフェンスでもファウルを犯さず、足をつかったバスケで攻守に貢献し続けた。

WINTER CUP 2020 ANOTHER STORY

東北学院
（宮城）

主力が5人いなくなった
それでも励まし合い
切磋琢磨しながら
ウインターカップの切符を手に入れた

コロナ禍の影響で3年生が大量引退……それでも掴んだウインターカップ

　2020年はあらゆるチームが新型コロナウイルスの影響を受ける1年となったが、東北学院はその中でも大きなダメージがあったチームの1つ。インターハイと予選の中止を受け、受験を控えた3年生が11人も引退したからだ。

　残された5人の3年生たちは、下級生の底上げをはかりながら10年ぶりのウインターカップ出場を決めた。一時は引退も検討したが、「チャンスをものにしたい」との思いで現役続行を選んだという遠藤昌輝（3年）は、引退した同級生からの「俺たちの分もがんばってくれ」というメッセージを胸に初戦を突破。2回戦は出だしの遅れを取り戻せず惜敗となったが「一番の目標だったウインターカップに出場できてよかった。いい経験ができました」と話した。

新田（愛媛）〇 69 ー 80 ●美濃加茂（岐阜）

　両チームが互いの堅守に阻まれ、序盤から得点が伸びないロースコアゲームに。そんな中、後藤晴（2年）の3ポイントやアーノルド アジャイ（3年）のリバウンドで徐々にリズムを掴むと、美濃加茂が粘り強く追い続けた新田を最後は引き離し、3回戦へ駒を進めた。

2回戦 ALL MATCHES REVIEWS

福島東稜（福島） 北陸（福井） 開志国際（新潟） 延岡学園（宮崎） 福岡第一（ブロック推薦／福岡） 県立海部（徳島）

福島東稜（福島）○ 77－82 ● 北陸（福井）

福島東稜は1回戦は不戦勝となり、この試合が初戦。しかも相手は前回大会ベスト4の北陸となったが善戦した。序盤から3ポイントシュートがよく決まり、前半は3点リードで折り返す。しかし北陸は第3クォーターで追いつき、そのまま逆転勝利を収めた。

PICK UP PLAY!!

序盤に大きくリードした福岡第一は、轟琉維、ニャン アマドゥ マクター（ともに1年）ら控え選手を積極的に起用。経験不足の若い選手たちは全国の舞台を肌で感じ、成長の機会を得たはずだ。

開志国際（新潟）●120 － 90○延岡学園（宮崎）

強豪同士の注目の一戦だったが、1回戦不戦勝でこの試合が初戦となった延岡学園に対し、開志国際がスタートから猛攻を仕掛ける。ミドルシュートを高確率で決め続け、なんと前半だけで74得点。後半、延岡学園も反撃したが、あまりにも点差が開きすぎていた。

福岡第一（ブロック推薦／福岡）●88 － 65○県立海部（徳島）

1回戦を劇的勝利で勝ち上がった県立海部の前に、王者福岡第一が立ちふさがる。序盤から激しいディフェンスと留学生のキエキエトピーアリ（3年）の高さを活かした攻撃で突き放し、つけ入る隙を与えない。福岡第一はこの試合でも全選手がコートに立った。

正智深谷 #4 太田 誠　　東山 #4 西部 秀馬

3回戦

ALL MATCHES REVIEWS　3rd Round

尽誠学園 #23 佐藤 涼真

報徳学園 #20 宇都宮 陸

東海大学付属諏訪 #14 髙山 鈴琉

挑

熱

絆

涙

福岡大学附属大濠（福岡）　東山（京都）　洛南（ブロック推薦／京都）　つくば秀英（茨城）　東海大学付属諏訪（長野）　報徳学園（兵庫）

福岡大学附属大濠（福岡）○ 65 － 94 ● 東山（京都）

強豪校同士の対戦は東山がスタートから全開。福岡大学附属大濠は東山のタイトな守備になかなかフリーでシュートを打たせてもらえない。東山はゴール下に隙を見つけると米須玲音（3年）がすかさずレーザービームパスを通し、アシストの数は17に上った。

洛南（ブロック推薦／京都）● 83 － 69 ○ つくば秀英（茨城）

古豪・洛南に挑むのは近年力をつけているつくば秀英。4人の選手がバランスよく10点台で得点した洛南に対し、つくば秀英は根本大、齊藤雄都（ともに3年）がそれぞれ25得点の個人技で対抗。それでも、地力に勝る洛南が第4クォーターに点差を広げて勝利。

福岡大学附属大濠
（福岡）

屈辱の最大44得点差――
福大大濠の選手たちは
この大敗を
今後の糧にできるか

好カードは予想外の大差に……福岡大学附属大濠、昨年超えの夢ならず

3回戦屈指の好カードと目された福岡大学附属大濠と東山の一戦は、最大44点差がつく予想外の展開で東山が快勝。福大大濠のキャプテン・平松克樹（3年）は試合後の取材に気丈に応じていたが、「去年の準優勝を取り返すため、なんとしても優勝で終わりたかったんですが、力不足で全然自分たちのプレーができませんでした。悔しいで

す……」と大粒の涙を流した。

平松をはじめ、3年生たちは大学でも競技を続ける。片峯聡太コーチは彼らに向けて「勝負の場面では、リスクを背負ってチャレンジすることがどれだけ大切かがよくわかったと思う。今のままじゃダメだという教訓にしてほしい」と、愛ある檄を飛ばした。

東海大学付属諏訪（長野）〇 92 － 100 ● 報徳学園（兵庫）

東海大学付属諏訪と報徳学園の対決は、最終学年を迎えた主力3人が活躍した報徳学園に軍配。東海大学付属諏訪は中川知定真、髙山鈴琉（ともに1年）のスタメン2人が強豪相手にいずれも2桁得点と奮闘し、来年以降に期待を感じさせるプレーをみせた。

九州学院（熊本）　正智深谷（埼玉）　福岡第一（ブロック推薦／福岡）　美濃加茂（岐阜）

九州学院（熊本）○ 76 － 81 ● 正智深谷（埼玉）

それぞれ好調に勝ち進んできた両校の戦いは、第3クォーターに大滝唯人（3年）の3ポイントシュートを含む連続得点で引き離した正智深谷が勝利し準々決勝へ。この試合でも、キャプテンの太田誠（3年）はチームの精神的支柱としてフル出場を果たした。

PICK UP PLAY!!

福岡第一の正ポイントガードはキャプテンのハーパー ジャン ローレンス ジュニア（3年）だが、佐藤涼成（2年）も力強いドリブル突破と正確なシュートで14点をあげ、存在感を示していた。

PICK UP PLAY!!

九州学院のキャプテンで不動の
エース、中野友都(3年)はこの
試合で40得点を記録。ここまで
チームを引っ張ってきたが、3回
戦の壁は越えられなかった。

福岡第一（ブロック推薦／福岡）● 96 － 58 ○ 美濃加茂（岐阜）

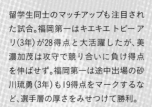

留学生同士のマッチアップも注目され
た試合。福岡第一はキエキエトビーア
リ(3年)が28得点と大活躍したが、美
濃加茂は攻守で競り合いに負け得点
を伸ばせず。福岡第一は途中出場の砂
川琉勇(3年)も19得点をマークするな
ど、選手層の厚さをみせつけて勝利。

県立宇都宮工業（栃木）　北陸（福井）　尽誠学園（ブロック推薦／香川）　法政大学第二（神奈川）

県立宇都宮工業（栃木）○ 58 － 91 ●北陸（福井）

ベンチ入りメンバー全員が出場した北陸に対し、県立宇都宮工業は先発の5人だけで戦った。北陸はコナティ モディボ（1年）の高さを活かした戦術で終始試合をリード。コナティは期待に応え、26得点20リバウンド5ブロックショットという結果を残した。

PICK UP PLAY!!

尽誠学園の堅い守備の要でチームのキャプテンも務める松尾河秋（3年）は20リバウンドを記録。攻撃でも3ポイントシュート2本を含む17得点を記録し、勝利に貢献した。

PICK UP PLAY!!

コナティと同じくらいインパクトを残したのは身長170センチのキャプテン、土家拓大(3年)。スピード感溢れるカットインをみせ、3ポイントシュートも4本決める活躍をみせた。

尽誠学園（ブロック推薦／香川）● 83 － 54 ○ 法政大学第二（神奈川）

ここまで勝ち抜いた勢いを強豪・尽誠学園にぶつけたい法政大学第二だったが、堅いディフェンスと粘り強いオフェンスリバウンドに苦しめられる展開。最終盤には深澤寿(3年)が立て続けに3ポイントシュートを決めるも、点差を縮めるには至らなかった。

仙台大学附属明成 #8 山﨑 一渉

報徳学園 #10 コンゴロー デイビッド

BEST 8

ALL MATCHES REVIEWS

東山 #11 米須 玲音

北陸 #6 米本 信也

洛南 #6 淺野 ケニー

跳

熱

涙

絆

洛南（ブロック推薦／京都） VS 正智深谷（埼玉）

WIN	準々決勝		LOSE
洛南	15	1st 20	正智深谷
（ブロック推薦／京都）	23	2nd 15	（埼玉）
81	19	3rd 14	69
	24	4th 20	

ベスト8初進出の正智深谷が先制するも
洛南が落ち着いた試合運びで勝ち進む

いいスタートを切ったのは正智深谷。藤平皓成（3年）らのミドルシュート、大滝唯人（3年）の3ポイントシュートなどで快調に得点を重ねる。対する洛南も第2クォーターになると落ち着きを取り戻し逆転。最後は小川敦也（3年）が豪快にダンクを叩き込み、前半終了を迎えた。後半は突き放しにかかる洛南に正智深谷が食らいつく展開となるが、洛南がそのまま逃げ切った。

PICK UP
PLAY!!

前半終了間際、スティールから
豪快なダンクシュートを決めた
洛南のエース・小川敦也。その
勢いは止まらず、後半も順調に
得点を重ね、チームを勝利へと
導いた。

そのまま逃げ切って勝利
洛南が連続得点を決め
正智深谷が粘りをみせるも

熱冬ポイント

最後に決めた3本のフリースローが
3年間の思い出が蘇る特別な時間に

試合終了間際、正智深谷のキャプテン・太田誠（3年）の3
ポイントシュートがファウルを誘いフリースローを獲得。敗
退は確定していたが、これまでがんばった3年間を思い出
し、涙を流しながら最後のフリースローを3本決めた。

準々決勝

ALL MATCHES REVIEWS

東山（京都）VS 報徳学園（兵庫）

WIN	準々決勝		LOSE
東山 （京都） **92**	27	1st 25	報徳学園 （兵庫） **74**
	19	2nd 23	
	16	3rd 16	
	30	4th 10	

昨年も準々決勝で対戦した両チームが再び激突
選手の成長と充実度をぶつけ合う迫力ある攻防戦

序盤から点の取り合いとなったが、東山のムトンボ ジャン ピエール（3年）が第1クォーター残り2分余りで3つ目のファウルを犯しコートを去った。チームの主力を失った東山は、報徳に突き放されないように必死に食らいつく。第3クォーター終盤にはコートに戻ったムトンボと米須玲音（3年）が連続してバスケットカウントを獲得。流れを引き寄せた東山が勝ち切った。

PICK UP
PLAY!!

第3クォーターに10点以上開いた劣勢を東山が跳ね返したのは、2年生のポイントガード、清水拳を出場させ米須とともにプレイさせてから。清水は3回戦でも活躍し、プレーに自信がみなぎっていた。

抑えることは不可能
東山はどこが相手でも
流れに乗った時の

熱冬ポイント

1年生の時から試合に出続けてきた
3人だからこそできる華麗な連携プレー

1年時からともに試合で活躍してきた報徳学園の宇都宮陸、丸山賢人、コンゴロー デイビッドの最強トリオ。今大会はベスト8で終わるも、アイコンタクトだけで華麗に連携する彼らのプレーは、多くのチームを苦しめた。

準々決勝

ALL MATCHES REVIEWS

仙台大学附属明成（ブロック推薦／宮城）VS 福岡第一（ブロック推薦／福岡）

WIN	準々決勝			LOSE
仙台大学附属明成	14	1st	20	福岡第一
（ブロック推薦／宮城）	11	2nd	11	（ブロック推薦／福岡）
64	19	3rd	17	**61**
	20	4th	13	

息もつけないほど緊迫したディフェンス合戦
終了の瞬間、会場中がざわついた名勝負

序盤からキエキエ トビー アリ（3年）のセンタープレーで得点を重ねていく福岡第一。仙台大学附属明成は点差が開かないように粘り強く取り返す。流れが変わり始めたのは仙台大学附属明成のエース、山﨑一渉（2年）のミドルシュートが決まり出した第3クォーターの終盤。試合時間残り6分弱を残し、アリをファウルアウトに追い込んだことも優位に働いた。

PICK UP PLAY!!

仙台大学附属明成は2年生エースの山崎に注目が集まるが、この大接戦の最終盤で力を見せたのは越田大翔、山内シャリフ和哉らの3年生。頼もしい上級生がチームを準決勝へと導いた。

最後の最後までもつれた試合
仙台大学附属明成が諦めず
昨年王者を撃破した

WINTER CUP 2020

熱冬ポイント

3連覇のプレッシャーがかかるチームを
精神的に支え続けたチームキャプテン

ハーパー ジャン ローレンス ジュニア（3年）とともに、福岡第一のダブルキャプテンの1人としてチームを支え続けた松本宗志（3年）。今大会がウインターカップ初出場だったが、3連覇を目指すチームの精神的支柱として戦い続けた。

準々決勝

北陸（福井）VS 尽誠学園（ブロック推薦／香川）

WIN	準々決勝			LOSE
北陸 （福井） **86**	22	1st	22	尽誠学園 （ブロック推薦／香川） **81**
	26	2nd	21	
	21	3rd	17	
	17	4th	21	

尽誠学園がスタートから3ポイント攻勢をかけるも
北陸が巧みにリードを保って逃げ切り勝ち

尽誠学園は北陸のコナティ・モディボ（1年）の高さを警戒してか、序盤からこれまでになかったほどの3ポイントシュート攻勢をかけ、試合終了までに14本もの3ポイントを成功させる。それに対し北陸は多彩な攻撃で対抗し、前半で5点のリードを奪って折り返す。後半もこのリードを守り続けた北陸がそのまま5点差で勝利。昨年に続き、準決勝進出を決めた。

PICK UP PLAY!!

先制で3ポイントシュートを決め、20得点を記録した北陸の米本信也（3年）。キャプテンの土家拓大（3年）が動き、米本が点を取る、積み重ねたスタイルで北陸は再び準決勝の舞台へ。

勝利を掴んでいく北陸

以心伝心でいつものバスケを展開し

それぞれの特徴を相互に理解

WINTER CUP 2020

熱冬ポイント

チームを鼓舞し続けた
北陸の大黒柱・土家拓大

キャプテンとしてコート内で声を張り上げ、チームを鼓舞し続けた北陸の土家拓大（3年）。この準決勝でも、素早いドライブと激しいディフェンスの全力プレーで、最後までチームを支え続けた。

ALL MATCHES REVIEWS

東山（京都）VS 洛南（ブロック推薦／京都）

WIN	準決勝			LOSE
東山 （京都） **87**	22	1st	12	洛南 （ブロック推薦／京都） **67**
	23	2nd	16	
	22	3rd	13	
	20	4th	26	

ウインターカップ準決勝で京都府予選決勝再び
勢いのある東山が20点差をつけてリベンジ

準々決勝で報徳学園を逆転で破り、勢いづいている東山。ムトンボ ジャン ピエール（3年）の高さを活かした攻撃や西部秀馬（2年）の3ポイントシュートなどで順調に得点を伸ばす。対する洛南は、前日の試合でケガをしたエースの小川敦也（3年）が不在の中、大石日向（3年）や山岸優介（2年）の3ポイントでなんとか追いつこうとするも、届かなかった。

PICK UP
PLAY!!

徐々に点差を広げた東山は、第3クォーターの終盤に全員が2年生というメンバー構成も披露。ベンチメンバーとスタメンがうまく融合し、最高の雰囲気で決勝進出を決めた。

東山の米須がコートを支配しやることすべてが良い方向に

盤石の状態で、いざ決勝戦へ

WINTER CUP 2020
熱冬ポイント

洛南を全国ベスト4へと導いたエースは京都対決となった準決勝のコートに立てず

U18日本代表にして洛南のエース・小川敦也は、準々決勝で左足首を負傷し、東山との準決勝のコートには立てなかった。洛南は惜しくも敗れてしまったが、チームメートの健闘を最後まで応援し続けた。

準 決 勝

仙台大学附属明成（ブロック推薦／宮城）VS 北陸（福井）

WIN	準決勝		LOSE
仙台大学附属明成 （ブロック推薦／宮城）	19	1st 14	北陸 （福井）
	11	2nd 12	
60	17	3rd 18	**58**
	13	4th 14	

仙台大学附属明成が昨年のリベンジへ──
"取られたら取り返す"息もつかせぬ接戦に

準々決勝で福岡第一を破った仙台大学附属明成にとって、昨年の準々決勝での屈辱を晴らすチャンス。序盤から激しい攻防が繰り広げられるが、お互いに堅いディフェンスを披露し合うような重い展開になっていった。前日にあった福岡第一の留学生との戦いを経たからか、北陸のコナティ モディボ（1年）の高さにもうまく対応した仙台大学附属明成が勝利を手にした。

PICK UP
PLAY!!

最後のチャンスで3ポイントシュートを放ったのは北陸のキャプテン、土家拓大（3年）だった。まるで3年間の想いを込めたかのようなシュートは無情にもリングに弾かれてしまった。

仙台大学附属明成が粘り
要所でリードを守る展開！
北陸はあと一歩届かず

WINTER CUP 2020

熱冬ポイント♪

チームメートと交わすマッスルポーズで
どんな試合も強い気持ちで挑む

仙台大学附属明成の選手たちが両腕で力こぶを作る"マッスルポーズ"。これは、チームを率いる佐藤久夫コーチが考えた、優しい性格の選手たちを奮起させるサインだ。試合中にポーズを交わし、お互いを鼓舞していた。

決勝

仙台大学附属明成（ブロック推薦／宮城）VS 東山（京都）

WIN		決勝		LOSE
仙台大学附属明成 （ブロック推薦／宮城） **72**	20	1st	20	東山 （京都） **70**
	6	2nd	20	
	16	3rd	15	
	30	4th	15	

緊迫感溢れるシーソーゲームに競り勝ち
3年ぶり6回目のウインターカップ制覇

いいスタートを切ったのは仙台大学附属明成。どの選手もアグレッシブに攻撃を仕掛け、東山ゴール目がけてシュートを打っていく。だが、落ち着きを取り戻した東山はムトンボ ジャン ピエール（3年）の攻守にわたる活躍や、得意の速攻などで逆転し、一気に点差を広げる。しかし試合終了まで残り3分余りのところで再び追いついた仙台大学附属明成が劇的な逆転勝ちを収めた。

PICK UP
PLAY!!

中盤で突き放された際にも、エースとして攻守でチームを支え続けた山﨑一渉（2年）。決勝戦ではフル出場で25得点10リバウンドを記録し、大逆転劇の立役者となった。

決勝戦のクライマックス
山﨑一渉が吠えた！
勝敗の行方を決めたシュート

仙台大学附属明成 #8 山﨑 一渉

東山 #9 ムトンボ ジャン ピエール

仙台大学附属明成 #7 越田 大翔

東山 #11 米須 玲音

互いに死力を尽くした40分間
高校バスケの頂点を決めるに
ふさわしい最高の決勝戦となった!

熱冬ポイント

昨年の敗戦から心と技を鍛えあげ
強い相手にも負けない力をつけた

昨年の敗戦をきっかけに東山のキャプテン・米須玲音(3年)は、大きな相手にもひるまず立ち向かう勇気とパワー、そして得点力を身につけこの大会に臨んだ。結果は準優勝だが、どの試合でもその成果を発揮した圧巻の活躍だった。

北海道栄高等学校（北海道）

八戸工業大学第一高等学校（青森県）

県立盛岡南高等学校（岩手県）

東北学院高等学校（宮城県）

県立能代工業高等学校（秋田県）

羽黒高等学校（山形県）

福島東稜高等学校（福島県）

つくば秀英高等学校（茨城県）

県立宇都宮工業高等学校（栃木県）

前橋育英高等学校（群馬県）

正智深谷高等学校（埼玉県）

船橋市立船橋高等学校（千葉県）　　※欠場

専修大学附属高等学校（東京都）

法政大学第二高等学校（神奈川県）

日本航空高等学校（山梨県）

東海大学付属諏訪高等学校（長野県）

開志国際高等学校（新潟県）

高岡第一高等学校（富山県）

金沢高等学校（石川県）

北陸高等学校（福井県）

出場校紹介 ALL TEAMS INTRODUCTION

美濃加茂高等学校（岐阜県）

飛龍高等学校（静岡県）

桜丘高等学校（愛知県）

県立四日市工業高等学校（三重県）

光泉カトリック高等学校（滋賀県）　※欠場

東山高等学校（京都府）

関西大学北陽高等学校（大阪府）

報徳学園高等学校（兵庫県）

奈良育英高等学校（奈良県）

県立和歌山工業高等学校（和歌山県）

鳥取城北高等学校（鳥取県）

県立松江東高等学校（島根県）

岡山商科大学附属高等学校（岡山県）

英数学館高等学校（広島県）

県立豊浦高等学校（山口県）

県立海部高等学校（徳島県）

県立高松商業高等学校（香川県）

新田高等学校（愛媛県）

高知中央高等学校（高知県）

福岡大学附属大濠高等学校（福岡県）

出場校紹介 ALL TEAMS INTRODUCTION

県立佐賀東高等学校（佐賀県）

県立佐世保工業高等学校（長崎県）

九州学院高等学校（熊本県）

柳ヶ浦高等学校（大分県）

延岡学園高等学校（宮崎県）

県立鹿児島工業高等学校（鹿児島県）

県立豊見城高等学校（沖縄県）

日本大学豊山高等学校（登録数枠／東京）

県立厚木北高等学校（登録数枠／神奈川）

駒澤大学附属苫小牧高等学校（ブロック推薦／北海道）

仙台大学附属明成高等学校（ブロック推薦／宮城）

桐光学園高等学校（ブロック推薦／神奈川）　※欠場

土浦日本大学高等学校（ブロック推薦／茨城）　※欠場

北陸学院高等学校（ブロック推薦／石川）

中部大学第一高等学校（ブロック推薦／愛知）

洛南高等学校（ブロック推薦／京都）

県立広島皆実高等学校（ブロック推薦／広島）

尽誠学園高等学校（ブロック推薦／香川）

福岡第一高等学校（ブロック推薦／福岡）

実践学園高等学校（開催地／東京）

COURT KEEPERS

もう1つの WINTER CUP

2020年。最初で最後の全国大会として高校生たちが青春をかけた激闘の7日間。
選手だけでなく、たくさんの仲間たちがWINTER CUP 2020を盛り上げた。

TABLE OFFICIALS

OFFICIALS

WINTER CUP 2020

OFFICIAL PHOTO BOOK

WOMEN'S SIDE

SoftBank ウインターカップ2020 オフィシャルフォトブック

最初で最後の全国大会

WINTER CUP 2020

激闘の記憶

2020年、唯一の高校日本一へ。高校生たちが青春をかけて戦ったWINTER CUP 2020
大きな大会の中止・延期、活動の自粛などの苦難を乗り越えた選手たちの
全力をつくした汗と涙、そして特別な想いが詰まった大会の、激闘の記憶を振り返る。

目指し続けた全国大会で
自分のすべてを出し切った!

チームの心を一つにして
強敵とも互角の勝負を展開

汗と涙と
笑顔が詰まった
かけがえのない
記憶と時間

WE ARE BEST 8

女子8強の戦いをプレイバック

（ブロック推薦／愛知）**桜花学園** 女子優勝

大黒柱のアマカが53得点 高校バスケ界の女王は今年も堂々たる戦いぶりで戴冠！

女子決勝 VS

東京成徳大学（東京）

WIN		決勝		LOSE
桜花学園	21	1st	12	東京成徳大学
（ブロック推薦／愛知）	21	2nd	21	（東京）
89	20	3rd	17	**65**
	27	4th	15	

「決勝ではインサイドを突く」という準決勝後の井上眞一コーチのコメントどおり、桜花学園は試合開始早々からオコンクウォ スーザン アマカ（3年）、朝比奈あずさ（2年）のインサイドでの得点で試合の主導権を握る。第2クォーター終盤に5点差まで詰められたものの、その後は危なげない展開でタイムアップ。53得点21リバウンドという驚異的なスタッツを残した、アマカの活躍が光った試合だった。

シーズン途中に立てた「圧倒的に勝つ」という目標を果たすべく、威風堂々とした戦いぶりをみせた桜花学園の選手たち。決勝後は笑顔と涙の花があちこちに咲いていた。

久しぶりのノーシードで臨んだ桜花学園だったが、全6試合の平均得点が102.5点、平均失点が51.3点と文句なしの戦いぶり。キャプテンの江村優有（3年）がゲームをコントロールしながらゴールを狙い、前田芽衣、佐藤多伽子（ともに3年）も攻守で奮戦。何より、186センチのアマカと185センチの朝比奈のツインタワーの破壊力は抜群だった。

チームで定めた「圧倒的に勝つ」という目標を体現した大会のように思えるが、選手たちの感覚は異なるよう。決勝後の記者会見で、江村は「数字はいいけれど内容は全然よくない。特にディフェンスで課題が残りました」と悔しそうな表情をみせ、「もっとコミュニケーション力を高めてがんばってほしい」と後輩たちにエールを送った。

下級生はもちろん、3年生も新しいステージで競技を続ける。精進の道はまだまだ続きそうだ。

「圧倒的に勝つ」という目標を見事達成した大会に！

井上眞一コーチコメント

決勝は思ったように点が開かずフラストレーションがたまりましたが、最終的にはアマカが驚異的なスコアを残してくれて助かりました。選手一人ひとりが持ち味を発揮し、自分の役割をしっかり果たし、全員バスケットで優勝できたと思います。

SPECIAL INTERVIEW

優勝校キャプテンインタビュー

桜花学園　#4　江村優有

目標を再設定したことでチームは前に進めました

——まずは優勝した率直な気持ちを聞かせてください。

江村　決勝戦はポイントガードとしてもキャプテンとしても仕事を果たしきれなくてチームにすごく迷惑をかけたんですけれど、チームメートがカバーして、支えてくれたおかげで勝つことができました。みんなに感謝の気持ちでいっぱいです。

——大変な一年間を、キャプテンとしてどのように乗り切りましたか？

江村　コロナが広がる前は、井上先生に70回目の全国制覇をプレゼントしようと意気込んでいたんですが、インターハイも国体も中止になり、チームのモチベーションがかなり下がりました。このままでは前に進めないと思ったので、ミーティングを開いて、「ウインターカップで圧倒的に勝つ」という目標を立て直

し、学年に関係なくコミュニケーションをとること、チーム練習ができない期間は個人スキルを磨いて、チームのレベルを上げていこうと決めてからは、徐々に気持ちが高まっていったと思います。

——大学でも競技を続けられます。目標を聞かせてください。

江村　状況判断とスキルをもっと磨いて、点の取れる積極的なガードになれるようがんばりたいです。

TOURNAMENT PLAYBACK

| 女子準決勝 | VS | 高知中央 (高知) | 84-64 |

| 女子準々決勝 | VS | 京都精華学園 (京都) | 97-55 |

| 女子3回戦 | VS | 大阪薫英女学院 (ブロック推薦／大阪) | 91-54 |

BACKYARD EPISODE

"素人"だった留学生が
3年間で手にした大きな成長

　決勝で叩き出した53得点は歴代2位。得点とリバウンド（いずれも1試合平均）で今大会トップの数字をあげたアマカは、入学当初はフィジカルも技術も未熟で、インサイドでまともにボールをキャッチすることすらできなかった。本人も「本当に下手くそだった」と当時を振り返るが、井上コーチの指導、仲間の励まし、何より自身のたゆまぬ努力で素晴らしい成長を遂げた。決勝戦では得点だけでなくリバウンドやルーズボールでも奮戦。井上コーチは「最初は素人だったのに、よくぞここまで伸びた」とその努力をたたえ、アマカは「自分の仕事に対してベストを尽くせました」と笑った。

（東京）東京成徳大学　女子準優勝

目標のベスト4を超えて手に入れた笑顔の銀メダル

女子決勝　VS

桜花学園（ブロック推薦／愛知）

65 - 89

出だしから桜花学園にリードを奪われるものの、第2クォーターは激しいディフェンスと速い攻撃でリズムを掴み、山田葵、小島瑠生（ともに3年）らの得点で5点差にまで詰め寄った。最後は大差がついたが、出場した9選手は全員得点し、笑顔でタイムアップ。山田は「逆転することはできなかったけれど、最後まで楽しくやれたと思います」と話した。

明るい笑顔とチームワークが光った東京成徳大学だが、実は11月の成績参考大会までは「コートでもベンチでもコミュニケーションが全然とれず、盛り上がりもないチームだった」(山田)という。しかし、ウインターカップまでの1か月間でそれぞれを見直した結果、大会前に掲げたベスト4という目標を上回る成績を手に入れることに。6～9人の選手が「つなぎ」でなく「主力」としてコートに出て、きちんと役割を全うできる強みも光った。

準決勝後、須田理恵(3年)が「決勝では自分たちのできることを精一杯やって、成徳のバスケをたくさんの人に見てもらいたい」と話していたが、点差が離れても最後まで明るく自らのミッションに挑み続けた彼女たちの姿は、多くの人を魅了したはずだ。

遠香周平コーチコメント

決勝は勝てませんでしたが、用意したプランで徐々に点差を詰め、相手のプランをつぶせた時間もけっこうありました。交代の選手たちもスタメン以上にがんばり、ベンチメンバーも声を切らさず、チーム一丸で最後まで戦えました。褒めてあげたいです。

TOURNAMENT PLAYBACK

女子準決勝 VS 札幌山の手 (ブロック推薦／北海道) **96-92**

女子準々決勝 VS 安城学園 (愛知) **96-94**

女子3回戦 VS 県立小林 (宮崎) **97-71**

女子準決勝 VS

東京成徳大学（東京）

92 - 96

女子3位 **札幌山の手**（ブロック推薦／北海道）

**スーパールーキー森岡ほのか＆大黒柱・舘山が躍動し
ベスト4入りを果たす**

大会総評 TOURNAMENT REPORTS

172センチの長身ポイントガード、森岡ほのか（1年）が加入した今季、オフェンスの幅がぐんと広がり、魅力的なバスケットを展開した札幌山の手。2011年以来9年ぶりとなるファイナル進出を狙った東京成徳大学戦は、インサイドの舘山萌菜（3年）が34得点、今大会キャプテンを務めた森岡（ほ）が28得点と奮戦したが、アウトサイド陣にあたりが来ず4点差に泣いた。来年度のチームには森岡（ほ）ら今大会を経験した下級生が多数残る。選手兼アシスタントコーチとしてチームを支えた舘山は「もう一度この舞台に立てるようにがんばってほしい」と後輩たちにエールを送った。

TOURNAMENT PLAYBACK

女子準々決勝 VS 大阪桐蔭（大阪） 100-84

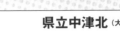

女子3回戦 VS 県立中津北（大分） 112-69

女子3位 ▶ 高知中央 （高知）

女子準決勝 VS

桜花学園 （ブロック推薦／愛知）

64 - 84

井上とアダクヴィクターの名コンビを軸に 栄えある史上初の3位入賞

大会総評 TOURNAMENT REPORTS

　昨年ベスト16入りを果たしたメンバーが多く残る高知中央は、準々決勝の昭和学院戦でンウォコ　マーベラス　アダクヴィクター（3年）がインサイドで圧倒。33得点21リバウンドの活躍で勝利を呼び込み、同校初となるメインコートでの準決勝に進出し、メダルの獲得を決める。迎えた桜花学園とのセミファイナルでは、ピックアンドロールからキャプテン・井上ひかる（3年）の3ポイントシュートなどで食らいつくも、女王の背中は遠かった。しかし吉岡利博コーチは「目標のベスト4を達成できた。胸を張って帰ってほしいです」と、新たな歴史を刻んだ選手たちを称賛した。

TOURNAMENT PLAYBACK

女子準々決勝 VS　昭和学院 （ブロック推薦／千葉）　85-71

女子3回戦 VS　八雲学園 （ブロック推薦／東京）　83-78

女子ベスト8 ▸ 昭和学院 （ブロック推薦／千葉）

大 会 総 評　TOURNAMENT REPORTS

　ブロック推薦で13年連続の出場となった昭和学院は、初戦を100点ゲームで快勝。キャプテンの三田七南や森長海羽（ともに3年）、花島百香（2年）らインサイド陣が強力な攻撃力を発揮。3回戦では昨年準優勝で今大会の優勝候補だった岐阜女子を相手に、最終クォーターで26点と爆発し、大逆転勝利を飾った。続く準々決勝の高知中央戦ではオフェンスリバウンドを取り切れず敗戦したが、誇るべきベスト8。三田は「次こそは絶対に日本一を取ってほしいです」と後輩に夢を託した。

大型選手たちが所せましと躍動
優勝候補を撃破しての価値ある8強

女子ベスト8 ▸ 安城学園 （愛知）

大 会 総 評　TOURNAMENT REPORTS

　片山愛悠（3年）の「メインコートに立って、（決勝で敗れた）3年前を取り戻したい」という言葉が表すように、強い想いを持って今大会に臨んだ安城学園。3回戦で昨年ベスト8の聖カタリナ学園を破って迎えた東京成徳大学との準々決勝。第3クォーターに最大19点差のビハインドを背負うも、齋藤利恵、近藤はづき（ともに3年）らの活躍で第4クォーター残り6分で逆転に成功。ラストはブザービーターの3ポイントシュートを決められ1ゴール差で敗れるも、大会屈指の好ゲームをみせた。

ポジションレスなプレースタイルで
今大会屈指の好ゲームを展開

女子ベスト8 大阪桐蔭 （大阪）

大 会 総 評 TOURNAMENT REPORTS

上背のある選手は不在だが、積極的にボールに手を出す激しいディフェンスと、そこからの速攻を武器にトーナメントを勝ち上がった大阪桐蔭。準々決勝の札幌山の手戦は序盤から相手の高さに苦戦したが、磨いてきたディフェンスと松川侑里香、大﨑莉瑚（ともに3年）らのシュートで最後まで戦い抜いた。「府新人大会4位からスタートして、悔しい想いしかしていなかったけれど、最後のウインターカップでベスト8まで勝ち進めてよかったです」と大﨑は話した。

**タフなディフェンスと勝負強いシュートで
大阪府4位から全国ベスト8と大躍進！**

女子ベスト8 京都精華学園 （京都）

大 会 総 評 TOURNAMENT REPORTS

190センチのトラオレ セトゥ（3年）を擁しながら、あわやの展開となった2回戦。キャプテンの荻田美（3年）はこの試合以降、チームの団結力の深まりを感じたという。準々決勝の桜花学園戦は緊張からプレーが硬くなり、大差がついた。荻田は「『精華ってこんなすごいチームなんだ』って思ってもらえるようなプレーをしたかったんですが」と悔しそうな表情をみせたが、「試合に出ている子も出ていない子も全員が一つに強くつながれた」と大会を通した成長を語ってくれた。

**試合を積み重ねるごとに
増していったチームの一体感**

ALL MATCHES REVIEWS

WINTER CUP 2020　全試合完全網羅

浜松開誠館 | 65
（静岡）

京都精華学園 | 56
（京都）

県立小林 | 52
（宮崎）

県立佐賀北 | 35
（佐賀）

女子トーナメント表

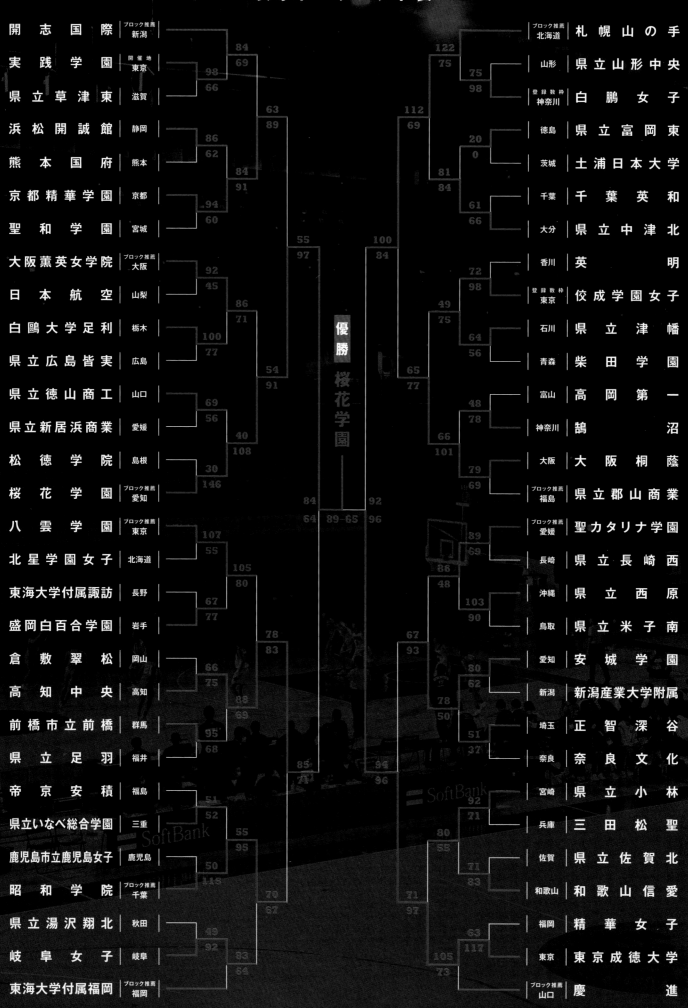

優勝 桜花学園

左側（上から）:
- 開志国際 ｜ ブロック推薦 新潟
- 実践学園 ｜ 開催地 東京
- 県立草津東 ｜ 滋賀
- 浜松開誠館 ｜ 静岡
- 熊本国府 ｜ 熊本
- 京都精華学園 ｜ 京都
- 聖和学園 ｜ 宮城
- 大阪薫英女学院 ｜ ブロック推薦 大阪
- 日本航空 ｜ 山梨
- 白鷗大学足利 ｜ 栃木
- 県立広島皆実 ｜ 広島
- 県立徳山商工 ｜ 山口
- 県立新居浜商業 ｜ 愛媛
- 松徳学院 ｜ 島根
- 桜花学園 ｜ ブロック推薦 愛知
- 八雲学園 ｜ ブロック推薦 東京
- 北星学園女子 ｜ 北海道
- 東海大学付属諏訪 ｜ 長野
- 盛岡白百合学園 ｜ 岩手
- 倉敷翠松 ｜ 岡山
- 高知中央 ｜ 高知
- 前橋市立前橋 ｜ 群馬
- 県立足羽 ｜ 福井
- 帝京安積 ｜ 福島
- 県立いなべ総合学園 ｜ 三重
- 鹿児島市立鹿児島女子 ｜ 鹿児島
- 昭和学院 ｜ ブロック推薦 千葉
- 県立湯沢翔北 ｜ 秋田
- 岐阜女子 ｜ 岐阜
- 東海大学付属福岡 ｜ ブロック推薦 福岡

右側（上から）:
- ブロック推薦 北海道 ｜ 札幌山の手
- 山形 ｜ 県立山形中央
- 登録数枠 神奈川 ｜ 白鵬女子
- 徳島 ｜ 県立富岡東
- 茨城 ｜ 土浦日本大学
- 千葉 ｜ 千葉英和
- 大分 ｜ 県立中津北
- 香川 ｜ 英明
- 登録数枠 東京 ｜ 佼成学園女子
- 石川 ｜ 県立津幡
- 青森 ｜ 柴田学園
- 富山 ｜ 高岡第一
- 神奈川 ｜ 鵠沼
- 大阪 ｜ 大阪桐蔭
- ブロック推薦 福島 ｜ 県立郡山商業
- ブロック推薦 愛媛 ｜ 聖カタリナ学園
- 長崎 ｜ 県立長崎西
- 沖縄 ｜ 県立西原
- 鳥取 ｜ 県立米子南
- 愛知 ｜ 安城学園
- 新潟 ｜ 新潟産業大学附属
- 埼玉 ｜ 正智深谷
- 奈良 ｜ 奈良文化
- 宮崎 ｜ 県立小林
- 兵庫 ｜ 三田松聖
- 佐賀 ｜ 県立佐賀北
- 和歌山 ｜ 和歌山信愛
- 福岡 ｜ 精華女子
- 東京 ｜ 東京成徳大学
- ブロック推薦 山口 ｜ 慶進

県立山形中央 #11 島村 きらら

県立郡山商業 #7 円谷 愛加

白鵬女子 #18 イゼ ヴァネッサ アダオビ

実践学園 #5 溝口 愛子

浜松開誠館 #6 樋口 沙彩

挑

涙

歓

絆

松徳学院（島根）　桜花学園（ブロック推薦／愛知）　八雲学園（ブロック推薦／東京）　北星学園女子（北海道）

松徳学院（島根）○ 30 − 146 ● 桜花学園（ブロック推薦／愛知）

前年覇者・桜花学園は、江村優有（3年）を中心に、アマカ（3年）、朝比奈あずさ（2年）らの高さを活かした攻撃で序盤からゲームを支配。1、2年生のみの若いチームで絶対王者に挑んだ松徳学院だったが、思うようなプレーができぬまま悔しい初戦敗退に。

PICK UP PLAY!!

八雲学園の主役となったのは、U18日本代表・182センチの粟谷真帆（3年）。厚みのある攻撃の起点となり、外角のシュートを積極的に打てたことが大きな勝因となった。

PICK UP PLAY!!

22本中20本という驚異の成功率でゴールを量産したアマカ。序盤での5連続得点はもちろん、リバウンドでも攻守で活躍。この試合のゴール下を完全に支配し、大きな存在感を示した。

八雲学園（ブロック推薦／東京）● 107 － 55 ○ 北星学園女子（北海道）

初出場となった北海道代表の北星学園女子は飯田乃愛（3年）、小坂理緒（2年）らが奮闘。一方、東京1位で出場を決めた八雲学園は、粟谷真帆と久米田琉菜（2年）のコンビが2人合計53点25リバウンドの活躍で大差での完勝となった。

大阪桐蔭（大阪）　県立郡山商業（ブロック推薦／福島）　聖カタリナ学園（ブロック推薦／愛媛）　県立長崎西（長崎）

大阪桐蔭（大阪）● 79 － 69 ○ 県立郡山商業（ブロック推薦／福島）

前半は県立郡山商業がエース円谷愛加（3年）の活躍などでリードする展開。しかし、後半からは大阪桐蔭がペースを握り、第3クォーターで一気に逆転に成功。県立郡山商業が円谷を中心に食らいつくも、スタメン全員がしっかり仕事をした大阪桐蔭に軍配が上がった。

PICK UP PLAY!!

聖カタリナ学園は、山本遥香、瀧野彩春、松本芽依の1・2年生トリオが活躍。それぞれが要所で3ポイントを決めるなど、1人17得点ずつあげてチームの勝利に貢献した。

ありえないことだらけの
1年間だったけれど
3年生を中心に
気持ちでつないだ

県立郡山商業
（ブロック推薦／福島）

頼もしい得点源がケガで戦線離脱　それでもチームは前を向き戦い続けた

　2月の東北ブロック新人大会を制し、全国大会を待ちわびていた県立郡山商業。しかし7月、得点源の須釜心（3年）が負傷し、ウインターカップに間に合わなかった。

　大きなショックを受けた選手たちは徐々に気持ちを切り替え、かわりにスタメンに入った菅野楓夏（2年）を筆頭に、全員で彼女の穴を埋めようと意識改革。須釜もシューティ

ングのパス出しや後輩への指導、盛り上げ役やアイシングの準備など多方面でチームをサポートした。

　初戦で惜敗し、目標のベスト8入りは達成できなかったものの、「ありえないくらい予想外な1年だったけれど、それでも3年生を中心に気持ちをつないでやってこられたことに満足しています」とキャプテン・佐藤杏莉（3年）は話した。

聖カタリナ学園（ブロック推薦／愛媛）● 89 － 69 ○ 県立長崎西（長崎）

昨年ベスト8のメンバーを多く擁する聖カタリナ学園が序盤からリードする。県立長崎西は組織力で崩すバスケットを展開し、途中出場のポイントガード中村真都（1年）が23得点をあげるも、最終的にはゲームを支配し続けた聖カタリナ学園が20点差で勝利した。

県立徳山商工（山口）● 69 － 56 ○ 県立新居浜商業（愛媛）

県立徳山商工は、一昨年大会の経験を持つキャプテンの幕凪沙（3年）を起点に得点を重ねていく。チームバスケットを得意とする県立新居浜商業も、エースの重松歩沙（3年）らが奮起して懸命に追い上げたが、序盤の点差をひっくり返すことはできなかった。

PICK UP PLAY!!

盛岡白百合学園にとって厳しい時間が続いた場面でも、エースでキャプテンの佐藤実花（2年）が常にチームを鼓舞。自らも20得点15リバウンドと活躍し、再逆転での初戦突破を手繰り寄せた。

東海大学付属諏訪（長野）○ 67 － 77 ● 盛岡白百合学園（岩手）

どちらも譲らないシーソーゲームとなったこの試合。盛岡白百合学園が12点リードで前半を折り返すも、第3クォーターには東海大学付属諏訪がキャプテンの山下芽（3年）の活躍で逆転に成功。しかし、第4クォーターには盛岡白百合学園が再逆転し、見事に激戦を制した。

高岡第一（富山）○ 48 － 78 ● 鵠沼（神奈川）

悲願のウインターカップ初出場を果たした鵠沼は、脚を使った堅い守りと、絶対的エースである野坂葵（3年）を中心とした素早い攻撃で序盤からリードを広げていく。対する高岡第一は、笹山未夢、濱田和亜（ともに3年）ら経験のある選手が健闘するも及ばず。

県立西原（沖縄）　県立米子南（鳥取）　倉敷翠松（岡山）　高知中央（高知）　前橋市立前橋（群馬）　県立足羽（福井）

県立西原（沖縄）● 103 － 90 ○ 県立米子南（鳥取）

粘り強い守りと素早い速攻が武器の県立校同士の戦いとなったこの試合は、前半からほぼ互角の打ち合いを繰り広げる展開に。それでも、県立西原は知名梨里亜（2年）、中村望愛（1年）といった下級生スタメンが活躍し、最後は13点差で県立西原に軍配。

PICK UP PLAY!!

高知中央の主柱であるアダクヴィクター（3年）との留学生センター対決で、1年生ながら互角の戦いを演じた倉敷翠松のアドエビドゥン グレイス。迫力あるプレーで強豪・高知中央を追い詰めた。

倉敷翠松（岡山）○ 66－75 ● 高知中央（高知）

得点力のある留学生・グレイスを擁し、層の厚い攻撃で県予選を突破した倉敷翠松。強豪・高知中央との対決では、キャプテンの中尾心咲、妹尾樹里（ともに3年）らの活躍もあり好勝負を繰り広げたが、最後は実力と経験に勝る高知中央が競り合いを制し2回戦へ。

前橋市立前橋（群馬）● 95－68 ○ 県立足羽（福井）

9年連続出場の県立足羽に対し、組織力のバスケットで挑んだ前橋市立前橋は、萩原さや（3年）を中心としたインサイドワークで試合を掌握。県立足羽もエース・久井咲良（3年）を軸に果敢に攻めたが、前橋市立前橋が序盤からのリードを守り強豪を撃破した。

英明（香川）　佼成学園女子（登録数枠／東京）　県立津幡（石川）　柴田学園（青森）　大阪薫英女学院（ブロック推薦／大阪）　日本航空（山梨）

英明（香川）○ 72 － 98 ● 佼成学園女子（登録数枠／東京）

県予選を圧勝で勝ち上がった英明と、ウインターカップ初出場の佼成学園女子が対戦。佼成学園女子は2年生エースの小出ほのかがこの試合30得点の大ブレイク。ゴール下でも中島リサ（1年）が体を張り、果敢に攻める英明に仕事をさせなかった。

PICK UP PLAY!!

チーム最多の18得点、7つのスティールを奪いチームに勢いをもたらした大阪薫英女学院の安田茉耶（3年）。スピードとパスワークで相手を翻弄し、ペイントエリアでも得点につながるプレーを何度もみせた。

県立津幡（石川）● 64 － 56 ○ 柴田学園（青森）

昨年ベスト8の県立津幡に対し、スタメン中4人が1年生という若いチームで挑んだ柴田学園。序盤は互いに譲らない拮抗した展開となるが、県立津幡のエース・佐藤杏音（3年）がその実力を次第に発揮し、ジリジリと差を広げて、そのまま逃げ切った。

大阪薫英女学院（ブロック推薦／大阪）● 92 － 45 ○ 日本航空（山梨）

豊富な運動量を誇る強いチームを作り上げてきた大阪薫英女学院。初出場の日本航空は、185センチの留学生ルース ギフト エゼキエル（1年）の高さで対抗するも、大阪薫英女学院のキャプテン・安田茉耶を中心とした多彩なバスケットがそれを上回った。

白鷗大学足利（栃木）● 100 − 77 ○ 県立広島皆実（広島）

キャプテンの小川玲亜（3年）を司令塔に、清水絢、丸山陽加（ともに2年）の長身コンビがインサイドで得点を重ねた白鷗大学足利。一方の県立広島皆実は、丸山愛友、廣田萌々（ともに3年）らが健闘をみせたが、最後までその差を縮めることはできなかった。

PICK UP PLAY!!

スターター5人のうち、4人が下級生という安城学園。その若いチームで唯一の3年生として奮闘した近藤はづきは、この試合3ポイント2本を含む31得点を奪う活躍をみせ、見事にチームを牽引した。

PICK UP PLAY!!

鋭いドライブからジャンプシュートでゴールを量産しただけでなく、要所でファウルをもらいフリースローを確実に決めた、白鷗大学足利の江原彩華（3年）。チームの勝利に大きく貢献した。

安城学園（愛知）● 80 − 62 ○ 新潟産業大学附属（新潟）

189センチのメリー レイチェル エマニュエル（3年）を攻守の軸にした新潟産業大学附属に対し、平均身長で上回る2年生主体のチームを作ってきた安城学園。安城学園が近藤はづき（3年）を中心とした多彩な攻撃で終始リードを奪い、そのまま2回戦へ駒を進めた。

正智深谷（埼玉）　奈良文化（奈良）　浜松開誠館（静岡）　熊本国府（熊本）　京都精華学園（京都）　聖和学園（宮城）

正智深谷（埼玉）●51 − 37○ 奈良文化（奈良）

初出場の正智深谷と8年連続出場の奈良文化の戦いは、互いに堅守が光ったロースコア対決に。一進一退の攻防は第3クォーターまで1点差の好ゲームとなったが、終盤に正智深谷のキャプテン・網野碧波（3年）が立て続けに得点を決め、奈良文化を突き放して勝利。

PICK UP PLAY!!

勝敗を大きく分けたのはインサイドでの攻防。京都精華学園は柴田柚菜、190センチのトラオレ セトゥ（ともに3年）、そしてイゾジェ ウチェ（1年）の3人だけで合計45本のリバウンドを取りゲームを制した。

浜松開誠館 (静岡) ● 86 − 62 ○ 熊本国府 (熊本)

昨年ベスト16進出のメンバーをスタメンに3人揃える浜松開誠館は、樋口沙彩 (3年) が37得点、山本涼菜 (3年) が15リバウンドとしっかりと仕事をこなし、コンスタントに得点を重ねる。熊本国府は澤田留衣、大田美桜 (ともに2年) らが健闘をみせるも及ばず。

京都精華学園 (京都) ● 94 − 60 ○ 聖和学園 (宮城)

京都精華学園は昨年3位の実力を示し、終始リード。キャプテンの荻田美 (3年) を中心とした高さに勝る京都精華学園の前に、2年ぶりの大会に挑んだ聖和学園は、持ち前の粘り強いディフェンスと走力を発揮することができなかった。

県立小林（宮崎）　三田松聖（兵庫）　千葉英和（千葉）　県立中津北（大分）　県立佐賀北（佐賀）　和歌山信愛（和歌山）

県立小林（宮崎）● 92 － 71 ○ 三田松聖（兵庫）

初出場の三田松聖に対し、12年連続出場中の県立小林が終始リードする展開。前線の速いボール回しから得点を狙う三田松聖だったが、12得点10リバウンドを記録したキャプテンの江頭璃梨（3年）を筆頭に、厚みのある攻撃をみせた県立小林が完勝した。

千葉英和（千葉）○ 61 － 66 ● 県立中津北（大分）

5年連続出場の県立中津北は、キャプテンの木下菜月（3年）が29得点の大活躍。一方、6年ぶりの出場となった千葉英和も、キャプテンの志村愛莉（3年）、シューターの田丸実来（2年）らが躍動し、最後は5点差まで迫るも一歩及ばず。

6年ぶりのウインターカップは
惜しくも初戦敗退
しかしここから学ぶものは
たくさんある！

WINTER CUP 2020
ANOTHER STORY

千葉英和
（千葉）

元日本代表選手 アシスタントコーチとして母校に帰る

JX-ENEOSサンフラワーズ（現ENEOS サンフラワーズ）や日本代表の司令塔として多くのファンを魅了した藤岡麻菜美。昨季、26歳の若さで現役引退した彼女が母校に指導者として帰ってくると知った時、キャプテンの志村愛莉は憧れの存在と同じチームで戦えることに驚いたという。

頼もしい先輩をアシスタントコーチに迎え、6年ぶりに挑んだウインターカップは残念ながら初戦敗退。「選手たちが異常に緊張していて本来のプレーがまったく出せなかった」と森村義和コーチは話したが、藤岡は「私も現役時代、何でも負けからスタートして最後に勝ってきました。この経験をムダにしてほしくないです」と、選手たちに力強いエールを送った。

県立佐賀北（佐賀）〇 71 － 83 ● 和歌山信愛（和歌山）

第1クォーターは佐賀北が7点リードするも、第2クォーターは和歌山信愛が逆転に成功。さらに、第3クォーターで佐賀北が再逆転すると、第4クォーターには和歌山信愛が再び逆転に成功しゲームを制す。集中力を高め、最後の失点を9点に抑えたことが和歌山信愛を勝利に導いた。

帝京安積（福島）　県立いなべ総合学園（三重）　鹿児島市立鹿児島女子（鹿児島）　昭和学院（ブロック推薦／千葉）　実践学園（開催地／東京）　県立草津東（滋賀）

帝京安積（福島）○ 51 - 52 ● 県立いなべ総合学園（三重）

堅守がウリのチームバスケットを展開するチーム同士の対決は、互いに一歩も譲らない拮抗した展開に。初出場の帝京安積は、キャプテンの武田侑樹（3年）らが最後まで奮闘するも、フリースロー1本の差に泣き、県立いなべ総合学園がロースコアゲームを制した。

PICK UP PLAY!!

この試合、36得点17リバウンドの活躍をみせた実践学園の溝口愛子（3年）。身長はそれほど大きくないものの、体を張ったパワフルプレーで攻守に貢献。チームに勝利をもたらした最大の功労者だ。

鹿児島市立鹿児島女子（鹿児島）○ 50 － 115 ● 昭和学院（ブロック推薦／千葉）

三田七南（3年）、花島百香（2年）といった長身オールラウンダーを揃える昭和学院が序盤から大量リードを奪う。鹿児島市立鹿児島女子はエースの堂薗愛（3年）が21得点を稼ぎ孤軍奮闘するもかなわず。昭和学院がダブルスコアの快勝で2回戦へ進出。

実践学園（開催地／東京）● 98 － 66 ○ 県立草津東（滋賀）

県立草津東は、キャプテンの奥村綾乃、エース・中川塔子（ともに3年）が揃って20得点超の活躍をみせたが、実践学園はセンター・溝口愛子を中心に、キャプテン横山由芽（3年）の3ポイントなどで徐々に点差を広げ、30点差以上の差をつけて勝利した。

県立湯沢翔北（秋田）○ 49 － 92 ● 岐阜女子（岐阜）

昨年準優勝の岐阜女子は186センチの留学生イベ エスター チカンソ（3年）が26得点20リバウンドとその存在感を示す。一方、強豪に挑んだ県立湯沢翔北だったが、堅いディフェンスに持ち味の素早いバスケットを展開できず。岐阜女子は完勝で初戦を突破した。

PICK UP PLAY!!

昨年大会からエースとして出場し、U18日本代表候補にもなっている県立山形中央の島村きらら（3年）。この試合でも3ポイント4本を含む51得点を1人で稼いだが、悔しい初戦敗退で大会を終えた。

県立山形中央（山形）○ 75 － 98 ● 白鵬女子（登録数枠／神奈川）

2年連続2回目の出場となった県立山形中央は、U18日本代表候補の島村きららが獅子奮迅の活躍。しかし、対する初出場の白鵬女子は、留学生センター・イゼ ヴァネッサ アダオビ（2年）が45得点32リバウンドとゴール下を支配し、記念すべき初勝利を飾った。

精華女子（福岡）○ 63 － 117 ● 東京成徳大学（東京）

昨年ベスト8の精華女子と、昨年ベスト16の東京成徳大学との好カード。東京成徳大学は、青野美玖（3年）、古谷早紀（2年）のインサイドを軸に、アウトからもチーム合計9本の3ポイントを決めるなど、多彩な攻撃パターンで強豪・精華女子を下し2回戦へ進出。

開志国際 #4 松山 玲奈

聖カタリナ学園 #6 西村 春佳

2回戦

ALL MATCHES REVIEWS　2nd Round

県立中津北 #4 木下 菜月

八雲学園 #5 久米田 琉菜

岐阜女子 #7 イベ エスター チカンソ

跳

絆

歓

涙

県立徳山商工（山口）　桜花学園（ブロック推薦／愛知）　八雲学園（ブロック推薦／東京）　盛岡白百合学園（岩手）　鵠沼（神奈川）　大阪桐蔭（大阪）

県立徳山商工（山口）〇 40 − 108 ● 桜花学園（ブロック推薦／愛知）

2回戦でも女王・桜花学園は好調を維持し、前半だけで35点差をつけ勝負あり。リバウンドと得点力のある矢原百華（2年）を攻撃の軸として果敢に挑んだ県立徳山商工だったが、森美麗（1年）らポテンシャルの高いサブメンバーを擁する桜花学園の前に完敗。

PICK UP PLAY!!

鵠沼を攻守で支えたエースの野坂葵（3年）。3ポイント3本を含む31得点を稼いだ得点力に加え、ターンオーバー10、スティール9とディフェンスでも活躍し、大阪桐蔭を最後まで翻弄した。

八雲学園（ブロック推薦／東京）● 105 － 80 ○ 盛岡白百合学園（岩手）

東京都1位の八雲学園の2回戦は、久米田琉菜（2年）がフリースロー12本を含む34得点の大活躍で、序盤から大きくリードを奪いそのまま試合終了に。盛岡白百合学園もエース・佐藤実花（2年）が最後まで奮闘したが、その差を縮めることはできなかった。

鵠沼（神奈川）○ 66 － 101 ● 大阪桐蔭（大阪）

鵠沼はエースの野坂葵が攻守で活躍をみせる。しかし、大﨑莉瑚（3年）、山本雪鈴（1年）、寺岡美祈（2年）らの3ポイントで得点を伸ばした大阪桐蔭は第3クォーターで一気に点差を広げ、そのまま3回戦進出を決めた。

聖カタリナ学園（ブロック推薦／愛媛）　県立西原（沖縄）　大阪薫英女学院（ブロック推薦／大阪）　白鷗大学足利（栃木）　高知中央（高知）　前橋市立前橋（群馬）

聖カタリナ学園（ブロック推薦／愛媛）　●86－48○　県立西原（沖縄）

聖カタリナ学園は、183センチの西村春佳（3年）が26得点23リバウンドの大活躍で、得点を重ねる。一方の県立西原は、聖カタリナ学園の堅いディフェンスに阻まれ、得意な素早いバスケットを展開することができず、ジリジリと点差を広げられてしまった。

PICK UP PLAY!!

高さのある相手に対し、司令塔の関口もえ（2年）を中心に、アウトサイドから攻めた前橋市立前橋。試合には敗れたが、チーム合計11本の3ポイントを決めるなど、力を出し切った。

大阪薫英女学院（ブロック推薦／大阪）●86－71○ 白鷗大学足利（栃木）

白鷗大学足利は、センターの清水絢（2年）を軸としたインサイドからの攻撃で前半をリードで折り返す。しかし、大阪薫英女学院はこの日好調の司令塔・都野七海（1年）が後半からさらにギアを上げて一気に逆転。そのまま15点差をつけて白鷗大学足利を下した。

高知中央（高知）●88－69○ 前橋市立前橋（群馬）

高知中央は、井上ひかる（3年）がゲームをコントロールし、高さと速さを兼ね備えた厚みのある攻撃で確実に得点を重ねる。一方の前橋市立前橋は、中島里菜（3年）の3ポイントなどが決まり第1クォーターこそリードしたが、得点を伸ばせず2回戦敗退。

佼成学園女子（登録数枠／東京）　県立津幡（石川）　安城学園（愛知）　正智深谷（埼玉）　開志国際（ブロック推薦／新潟）　実践学園（開催地／東京）

佼成学園女子（登録数枠／東京）○ 49 − 75 ● 県立津幡（石川）

県立津幡は佐藤杏音（3年）が序盤から3ポイントを決めるなど、合計25得点をあげる活躍。大会初勝利で勢いづく佼成学園女子も、清水芽依（3年）を中心に必死に食らいついていったが、最後まで差を詰めることができず、県立津幡が貫禄の勝利となった。

PICK UP PLAY!!

シード校として2回戦からの登場となったことで、序盤からペースを掴めずにいた開志国際。そんなチームを落ち着かせ、大量得点で勝利を手繰り寄せたエース兼キャプテンの松山玲奈（3年）。

安城学園（愛知）● 78 － 50 ○ 正智深谷（埼玉）

スタメンに170センチ超えを4人揃える安城学園は、近藤はづき（3年）を中心に広域なオフェンスを展開。対する正智深谷はキャプテン・網野碧波（3年）、エースの深瀬凜海（1年）がアウトサイドから得点するも最後までペースを握れず、安城学園が勝利。

開志国際（ブロック推薦／新潟）● 84 － 69 ○ 実践学園（開催地／東京）

実践学園は溝口愛子、水谷春菜（ともに3年）が積極的にインサイドで勝負し、得点につなげていく。しかし、その勢いを止めたのは、開志国際のエース・松山玲奈。キレの鋭いドライブで得点を量産し、1人で30得点を稼ぐ働きでチームを勝利に導いた。

札幌山の手（ブロック推薦／北海道） ● 122－75 ○ 白鵬女子（登録数枠／神奈川）

留学生アダオビ（2年）を擁する白鵬女子だったが、札幌山の手は1年生キャプテンの森岡ほのかをはじめ、舘山萌菜、森岡姉妹の姉・森岡かりん（ともに3年）らがきっちり仕事をし、多彩な攻撃で白鵬女子を圧倒。大差で3回戦進出を決めた。

PICK UP PLAY!!

岐阜女子・チカンソ（3年）と東海大学付属福岡・ファール アミナタ（1年）による注目の留学生センター対決。この試合最高得点のチカンソは、ディフェンスでもアミナタに一切仕事をさせなかった。

「できるだけ長く2人でコートに立ちたい」
仲良し姉妹が初戦から爆発！

WINTER CUP 2020
ANOTHER STORY

札幌山の手
（ブロック推薦／北海道）

初戦でともに20点オーバー　森岡姉妹が好発進！

　札幌山の手には2歳離れた姉妹がいる。森岡かりん、森岡ほのか。バスケット一家に生まれた2人は、同校OGである母の影響で、北海道屈指の名門に入学した。

　「（妹は）コートでは厳しいけれど、プライベートではゆるくてかわいい」と笑う姉と、「指示を出す時は自信を持って発言することが大事だと言われています」と姉からの助言を明かす妹は、普段からとても仲がいいそうだ。

　「ほのかのパスはきついけれど、絶対に決めてあげなきゃと思う」と話すかりんは、初戦の白鵬女子戦で5本の3ポイントシュートを含む21得点をあげ、ほのかも23得点。「できるだけ長く2人でコートに立ちたい」（かりん）と語る森岡姉妹が、2人揃って挑む特別な大会で好スタートを切った。

岐阜女子（岐阜）●83－64○東海大学付属福岡（ブロック推薦／福岡）

岐阜女子は、大会屈指のセンター・チカンソが34得点14リバウンドと格の違いをみせ、危なげない試合展開で勝利。東海大学付属福岡は、198センチの大型センター・アミナタを軸に、得点力のある木寺智美（3年）が果敢に挑むも涙の敗戦。

浜松開誠館（静岡） ○ 84 − 91 ● 京都精華学園（京都）

浜松開誠館と京都精華学園の名門対決は、柴田柚菜（3年）とウチェ（1年）の高さを活かしたプレーで京都精華学園が先行する展開。浜松開誠館は樋口沙彩（3年）が30得点をあげる活躍で終盤に猛追したが、京都精華学園が執念で振り切って勝利した。

PICK UP PLAY!!

東京成徳大学はこの試合で13本もの3ポイントを決め、そのうちの5本を決めたのが控えの小島瑠生（3年）。この小島の活躍が、その後チームを勢いに乗せる大きな要因となった。

前半の不調を振り切り
迷いなく打ったシュートが
チームメイトに
大きな笑顔を生み出した

浜松開誠館
（静岡）

サイズで劣る相手を最後まで苦しめた キャプテンの4本の3ポイントシュート

180センチ超の留学生センターを擁する相手に対し、前半10点差と好ゲームを演じた浜松開誠館。しかし第3クォーターから歯車が狂い、一時は18点まで点差が開いた。

あきらめそうな場面から逆転の望みをつないだのは、ゲームキャプテンを務める山本涼菜（3年）の3ポイントシュートだった。「前半は弱気になってダメダメだった」と振り返る山本だが、ハーフタイムで「後半は自分が点を取って巻き返すしかない」と腹をくくった。相手のディフェンスのズレを見逃さず、迷いなく打った4本の3ポイントは次々にネットを通過し、残り2分30秒を残して1ゴール差にまで詰め寄った。最後は力尽きたが、チームが今大会のテーマとしていた「笑顔」の花を大きく咲かせる活躍をみせた。

東京成徳大学（東京）● 105 − 73 ○ 慶進（ブロック推薦／山口）

アウトサイドのシュートを多用したワイドな攻撃をみせ、序盤から大きくリードを奪った東京成徳大学。対する慶進は昨年大会出場メンバーで挑み、センターの大脇晴（2年）が26得点と大健闘。それでも東京成徳大学との差は大きく逆転は叶わず。

県立いなべ総合学園（三重）　昭和学院（ブロック推薦／千葉）　県立富岡東（徳島）　県立中津北（大分）　県立小林（宮崎）　和歌山信愛（和歌山）

県立いなべ総合学園（三重）〇 55 − 95 ● 昭和学院（ブロック推薦／千葉）

この試合も、エースの三田七南（3年）と花島百香（2年）を中心とした攻撃で、序盤から大きくリードを奪った昭和学院。県立いなべ総合学園は、渡辺心菜（3年）の3ポイントなどでなんとか追いすがるも、昭和学院のサイズを活かしたプレーを最後まで抑えられず。

PICK UP PLAY!!

スタメン5人中3人がフル出場を果たした県立中津北。中でも34得点をあげたエース兼キャプテンの木下菜月（3年）は、勝敗を分けた最後の連続得点など、持ち前の勝負強さをみせてくれた。

県立富岡東（徳島）〇 81 − 84 ● 県立中津北（大分）

土浦日本大学の欠場により、1回戦を不戦勝で勝ち上がった県立富岡東と、1回戦で接戦を制した県立中津北の戦い。第4クォーター開始時点まで1点差という、最後まで勝敗がみえない接戦を制したのは、スタメンが最後まで走りきった県立中津北だった。

県立小林（宮崎）● 80 − 55 〇 和歌山信愛（和歌山）

県立小林は、キャプテンの江頭璃梨（3年）の5連続ポイントなどで序盤から大きくリードを奪う。一方の和歌山信愛も、得点力のあるキャプテン・佐本優帆（3年）を中心に運動量のあるバスケットで県立小林を追いかけたが、序盤のリードを詰められなかった。

京都精華学園 #6 中江 美友

東京成徳大学 #10 佐坂 光咲

大阪桐蔭 #5 松川 侑里香

安城学園 #7 近藤 はづき

昭和学院 #4 三田 七南

挑

涙

歓

絆

大阪薫英女学院（ブロック推薦／大阪）　桜花学園（ブロック推薦／愛知）　八雲学園（ブロック推薦／東京）　高知中央（高知）

大阪薫英女学院（ブロック推薦／大阪）○ 54 － 91 ● 桜花学園（ブロック推薦／愛知）

昨年の準決勝と同じカードとなった対決は、高さに勝る桜花学園が終始リードを奪う。スピードのあるバスケットで果敢に勝負を挑んだ大阪薫英女学院だったが、桜花学園の厳しいチェックと、この試合42得点という強さをみせたアマカ（3年）の前に惨敗を喫す。

PICK UP PLAY!!

高さのあるスタメンを揃える八雲学園に対し、スピードのあるドライブで勝負した高知中央の井上ひかる（3年）。両校最多の37得点をあげる活躍をみせ、チームを勝利へと導いた。

PICK UP
PLAY!!

大会屈指の実力派ガード・安田茉耶（3年）をはじめ、桜花学園を相手にスタメン3人が2桁得点をあげた大阪薫英女学院。ペイントエリアでは完敗したが、ほかでは互角の戦いを繰り広げた。

八雲学園（ブロック推薦／東京）〇78－83● 高知中央（高知）

八雲学園はスタメン4人がフル出場を果たし、粟谷真帆、宮下愛弥（ともに3年）といった身長のある選手が奮起。しかし、高知中央はアダクヴィクター（3年）がリバウンド、エースでキャプテンの井上ひかるが得点するという必勝パターンで、この接戦をものにした。

県立津幡（石川）　大阪桐蔭（大阪）　聖カタリナ学園（ブロック推薦／愛媛）　安城学園（愛知）　開志国際（ブロック推薦／新潟）　京都精華学園（京都）

県立津幡（石川）○ 65 − 77 ● 大阪桐蔭（大阪）

前半を終え、34対34と実力伯仲の戦いをみせた両校。しかし、後半からは大阪桐蔭が県立津幡の得点源である佐藤杏音（3年）を抑えて徐々にペースを握り、要所での3ポイントで点差を広げて、最終的には12点差で準々決勝への切符をつかんだ。

PICK UP
PLAY!!

キャプテンでありながら、控えガードとしてチームを支え続けた安城学園の片山愛悠（3年）。後半から登場したこの試合では、19得点7リバウンドと躍動し、チームの勝利に貢献した。

聖カタリナ学園（ブロック推薦／愛媛）○ 67 － 93 ● 安城学園（愛知）

近藤はづき（3年）、近藤京（2年）の2人の近藤が揃って22得点と活躍した安城学園が序盤からリードする展開。聖カタリナ学園も樫本菜々花（2年）が6本の3ポイントを決めるなど24得点の活躍をみせたが、安城学園の勢いを止められず惜しくも敗退。

開志国際（ブロック推薦／新潟）○ 63 － 89 ● 京都精華学園（京都）

インサイドでは留学生のウチェ（1年）、外からはシューター・中江美友（3年）が得点し、迫力ある攻撃をみせた京都精華学園に対し、ガード陣が奮起し食らいついた開志国際だったが、最後にはエースの松山玲奈（3年）を5ファウルで欠き逆転叶わず。

昭和学院（ブロック推薦／千葉）　岐阜女子（岐阜）　札幌山の手（ブロック推薦／北海道）　県立中津北（大分）　県立小林（宮崎）　東京成徳大学（東京）

昭和学院（ブロック推薦／千葉）● 70 － 67 ○ 岐阜女子（岐阜）

優勝候補にもあげられる強豪校同士の対決となったこの試合は、留学生・チカンソ（3年）を攻撃の主軸に、前半から岐阜女子がリードする展開。昭和学院は必死に追いかけ、最終クォーターにはついに最大16点差の逆転に成功し、劇的な勝利を飾った。

札幌山の手（ブロック推薦／北海道）● 112 － 69 ○ 県立中津北（大分）

札幌山の手は森岡ほのか（1年）が35得点をあげ大活躍。センター・舘山萌菜（3年）も得点を量産し、県立中津北を一気に突き放す。ここまで接戦を勝ち上がってきた県立中津北だったが、木下菜月、大野瑠里（ともに3年）らが健闘するも及ばず。

WINTER CUP 2020
ANOTHER STORY

岐阜女子
（岐阜）

岐阜女子の日本一の夢

あとわずかなところで潰えた

しかし、試合終了まで残り2分……。

40分間のほとんどで勝っていた

優勝候補の岐阜女子 まさかの3回戦敗退に涙

大接戦の末に敗れた昨年決勝の悔しさを晴らすため、1年間強い気持ちで練習に励んできた岐阜女子。そんなチームが3回戦で敗れると誰が予想できただろうか。

試合は序盤から岐阜女子ペース。チカンソが次々に得点を重ね、第3クォーター終了時で56-44とリード。しかし最終クォーター、ディフェンスの緩みを突かれて一気に点差を詰められ、残り2分を残して逆転される。その後は松本新湖（3年）が果敢に攻めたが結果は覆らず、タイムアップ。選手たちは涙に暮れた。

取材対応中も涙が止まらなかったキャプテン・佐藤果歩（3年）は「努力が足りませんでした」と自責の言葉しか出てこなかった。志半ばでついえた優勝の夢は、後輩たちへ託される。

県立小林（宮崎）○ 71 － 97 ● 東京成徳大学（東京）

県立小林は序盤から持ち前の組織力を出せず、東京成徳大学に大きくリードを許す展開に。一方の東京成徳大学は古谷早紀、佐坂光咲（ともに2年）が大活躍。佐坂の8本を含む、合計16本の3ポイントを決めた東京成徳大学が、県立小林を破り準々決勝に進出。

桜花学園 #4 江村 優有　　東京成徳大学 #4 山田 葵

WINTER CUP 2020

BEST 8

ALL MATCHES REVIEWS

桜花学園 #10 オコンクウォ スーザン アマカ

高知中央 #4 井上 ひかる

札幌山の手 #14 森岡 ほのか

挑

絆

歓

涙

桜花学園（ブロック推薦／愛知）VS 京都精華学園（京都）

WIN	準々決勝		LOSE
桜花学園	26	1st 17	京都精華学園
（ブロック推薦／愛知）	22	2nd 7	（京都）
97	26	3rd 17	**55**
	23	4th 14	

**桜花学園の迫力ある攻撃と堅守が光り
京都精華学園に一度もペースを譲らず完勝**

連覇を目指す桜花学園と、今大会も順調に勝ち進んできた京都精華学園が準々決勝で激突。序盤から江村優有、アマカ（ともに3年）らが得点を奪い桜花学園がリードする展開に。対する京都精華学園は、キャプテンの荻田美（3年）が3ポイントなどで応戦するも、桜花学園の堅守に阻まれて得点を伸ばせず。最終的には桜花学園がペースを譲らず、完勝で準決勝に駒を進めた。

PICK UP
PLAY!!

京都精華学園のキャプテン・荻田美は、適時に3ポイントを決めるなど、追い上げムードを切らさず最後までチームを鼓舞。この試合も桜花学園を相手に26得点を決め、存在感を示した。

厳しいディフェンスと
止まらない猛攻で
桜花学園がゲームを支配！

WINTER CUP 2020

熱冬ポイント

桜花学園の天才司令塔・江村優有が
先輩から受け継いだ"下を向かない心"

司令塔として、絶対女王・桜花学園でキャプテンを務める江村優有が大切にしているのは、常に上機嫌でいること。これは、チームメートを不安にさせないという、同校の大先輩、元日本代表の大神雄子さんから受け継いだ精神だ。

高知中央（高知）VS 昭和学院（ブロック推薦／千葉）

WIN		準々決勝		LOSE
高知中央 （高知） **85**	21	1st	16	昭和学院 （ブロック推薦／千葉） **71**
	22	2nd	16	
	17	3rd	18	
	25	4th	21	

接戦をものにして勝ち上がった高知中央が
勢いに乗る昭和学院を見事に抑え込み勝利

強豪・岐阜女子を劇的勝利で破った昭和学院と、初戦から接戦を勝ち上がった高知中央との準々決勝。高知中央は平均身長の高い昭和学院に対し、ゾーンディフェンスで攻撃をブロック。それでも反撃したい昭和学院は、花島百香（2年）にボールを集めなんとか得点を狙うが、ゴール下を支配する高知中央のアダクヴィクター（3年）に阻まれ、点差を縮められないまま試合終了に。

PICK UP PLAY!!

21リバウンドと5つのブロックショットを記録し、ゴール下で圧倒的な存在感を示した高知中央の留学生センター・アダクヴィクター。この試合では、オフェンスでも33得点を稼ぐ大活躍だった。

強力な昭和学院の攻撃を
序盤からしっかり抑えた
高知中央の好ディフェンス

WINTER CUP 2020
熱冬ポイント

昭和学院のエース・三田七南がこだわった
チームを勝利に導くためのリバウンド

インからでもアウトからでも決める昭和学院のエース・三田七南(3年)がこだわり続けているのが、味方の攻撃を切らせないリバウンド。この試合でも10本のオフェンスリバウンドを取り、勝利への執念をみせてくれた。

札幌山の手（ブロック推薦／北海道）VS 大阪桐蔭（大阪）

WIN		準々決勝		LOSE
札幌山の手 （ブロック推薦／北海道） **100**	22	1st	13	大阪桐蔭 （大阪） **84**
	26	2nd	25	
	24	3rd	25	
	28	4th	21	

インサイドで優位に立った札幌山の手が
一進一退の攻防を制し準決勝へ進出

優勝経験校同士の対戦となったこの試合。第1クォーターに大きくリードを奪ったのは、インサイドからの攻撃で得点を重ねた札幌山の手。それでも、大阪桐蔭は粘りのディフェンスとアウトサイド攻撃で食らいつき、第3クォーター序盤には逆転に成功する。しかし、インサイドに強い札幌山の手が、リバウンドから確実に得点を重ね再逆転。そのまま点差を広げ勝利した。

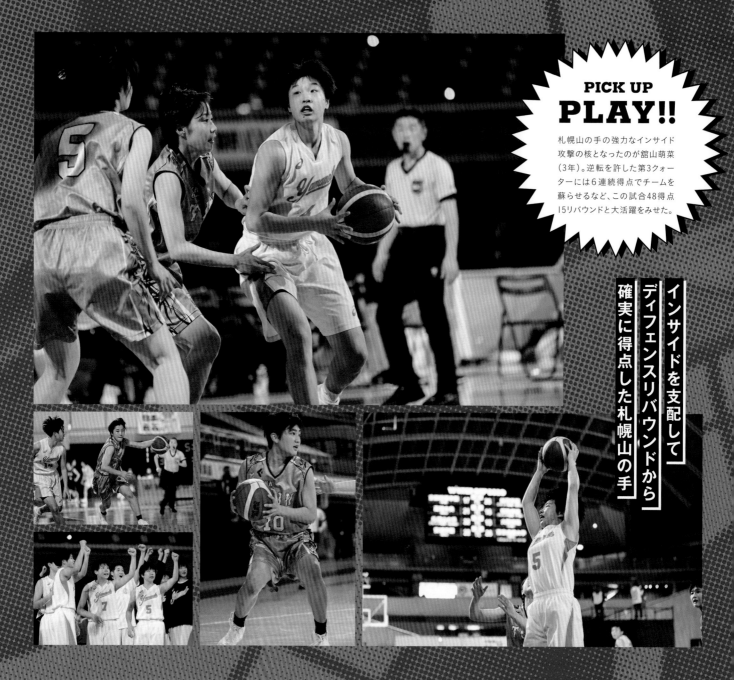

札幌山の手の強力なインサイド攻撃の核となったのが舘山萌菜（3年）。逆転を許した第3クォーターには6連続得点でチームを蘇らせるなど、この試合48得点15リバウンドと大活躍をみせた。

インサイドを支配してディフェンスリバウンドから確実に得点した札幌山の手

WINTER CUP 2020

熱冬ポイント

2017年のウインターカップ覇者が苦しみながらも掴んだ夢の舞台で躍動

2017年大会の優勝校でありながら、府予選では4位にとどまり、壮絶な代表決定戦を勝ち抜いてきた大阪桐蔭。注目のスター選手がいなくとも、結束力の高いチームバスケットを貫き、今大会ベスト8という成績はまさに大健闘だ。

東京成徳大学（東京） VS 安城学園（愛知）

WIN	準々決勝			LOSE
東京成徳大学 （東京） **96**	26	1st	22	安城学園 （愛知） **94**
	25	2nd	17	
	21	3rd	20	
	24	4th	35	

実力拮抗の好勝負を繰り広げた両校
勝負を分けたのはラスト１秒の３ポイント

東京成徳大学がポイントガード・山田葵（3年）を中心とした素早い攻撃で、点数を重ね先行する。しかし、安城学園は堅いディフェンスと近藤はづき（3年）の連続ゴールなどで追いつき、第4クォーター序盤に逆転に成功。このまま勝負ありかと思われたラスト1秒、東京成徳大学の佐坂光咲（2年）が逆転のブザービーターを決め、劇的な逆転勝利で東京成徳大学が準決勝へ。

PICK UP PLAY!!

安城学園1点リードで迎えたラスト1秒、佐坂光咲が放った3ポイントがブザービーターとなり東京成徳大学が勝利。2年生にしてスタメン抜擢の佐坂が、ここ一番で大きな仕事をした。

両校が一歩も譲らない激戦となったこの試合は東京成徳大学が劇的勝利

WINTER CUP 2020

熱冬ポイント

3年生としてチームを牽引し続け
大会を通してトッププレーヤーに成長

能力の高い2年生が揃う安城学園において、3年生では大会唯一の全試合スタメン出場を果たした近藤はづき。自らが得点するだけでなく、仲間を活かすプレーを心がけ、この大会では選手としても大きく成長した。

準決勝

桜花学園（ブロック推薦／愛知）VS 高知中央（高知）

WIN	準決勝		LOSE
桜花学園	27	1st 20	高知中央
（ブロック推薦／愛知）	17	2nd 11	（高知）
84	18	3rd 15	**64**
	22	4th 18	

高知中央の攻撃をしっかりと抑えこみ
試合の流れを渡さなかった桜花学園

初の4強入りを果たし勢いに乗る高知中央だったが、絶対女王である桜花学園の堅いディフェンスに阻まれ、思うように得点を伸ばせない時間が続く。一方の桜花学園は、アマカ（3年）が確実にリバウンドを拾い、キャプテンの江村優有（3年）が得点を重ねる手堅いバスケを展開。一時は高知中央に6点差に詰め寄られるも、最後は再び突き離し、貫禄勝ちで決勝進出を果たした。

PICK UP
PLAY!!

この試合で最多の31得点と、得点力でもその力を示した江村優有。高知中央にゴールを決められても、江村がきっちりと取り返すことで、相手を勢いにのせないバスケットを展開し続けた。

アマカがリバウンドを制し
江村がゲームを制す！
女王のバスケットで桜花学園が勝利

WINTER CUP 2020

熱冬ポイント

最後まで大会を楽しむことを目標に
笑顔で勝ち上がった初のベスト4

キャプテンとして高知中央を初のベスト4に導いた井上ひかる（3年）。今年唯一の全国大会となったこの大会の目標は、チーム全員で楽しむこと。準決勝敗退の直後は悔しさをにじませたが、常に笑顔を絶やさない姿は印象的だった。

準決勝

東京成徳大学（東京） VS 札幌山の手（ブロック推薦／北海道）

WIN	準決勝		LOSE
東京成徳大学 （東京） **96**	29	1st	26	札幌山の手 （ブロック推薦／北海道） **92**
	28	2nd	25	
	26	3rd	20	
	13	4th	21	

**早い展開から点を取り合うハイスコアゲームを
逃げ切った東京成徳大学が11年ぶりの決勝へ**

東京成徳大学が武器である3ポイントで得点を伸ばすと、追いかける展開となった札幌山の手も、舘山萌菜（3年）、森岡ほのか（1年）の両スコアラーが得点を重ね、僅差のまま札幌山の手が追いかける点の取り合いに。試合は終盤までもつれ、残り2分で札幌山の手が2点差まで迫るも、最後までリードを許さなかった東京成徳大学が、11年ぶりに決勝への切符を手にした。

PICK UP PLAY!!

最終局面で、値千金のリバウンドシュートを決めた山口希乃夏（3年）。爆発的なスコアラーがいなくても、チームの誰かがヒーローになれるのが東京成徳大学の最大の強みでもある。

追う札幌山の手から最後まで逃げ切った東京成徳大学が決勝へ

WINTER CUP 2020
熱冬ポイント

札幌山の手の強力オフェンスの核となった1年生キャプテン・森岡ほのか

1年生ながらキャプテンを任され、司令塔としてチームをベスト4へと導いた札幌山の手の森岡ほのか。ゲームメイクだけでなく、出場したすべての試合で20得点以上を記録したその得点力で、全国にその名を知らしめた。

決勝

桜花学園（ブロック推薦／愛知）VS 東京成徳大学（東京）

WIN	決勝			LOSE
桜花学園	21	1st	12	東京成徳大学
（ブロック推薦／愛知）	21	2nd	21	（東京）
89	20	3rd	17	**65**
	27	4th	15	

スタメンが最後までコートを走り切り
圧倒的な強さで桜花学園が2連覇達成

絶対的センター・アマカ（3年）のアドバンテージを活かし、徹底したインサイド攻撃で一気に流れをつかんだ桜花学園。対する東京成徳大学は、得意とするアウトサイド攻撃で追撃を狙うも、桜花学園の攻守に阻まれ得点を伸ばすことができず。桜花学園はスタメン5人中4人がフル出場を果たし、最後まで攻撃を緩めることなく圧倒的な強さをみせつけ、見事2連覇を達成した。

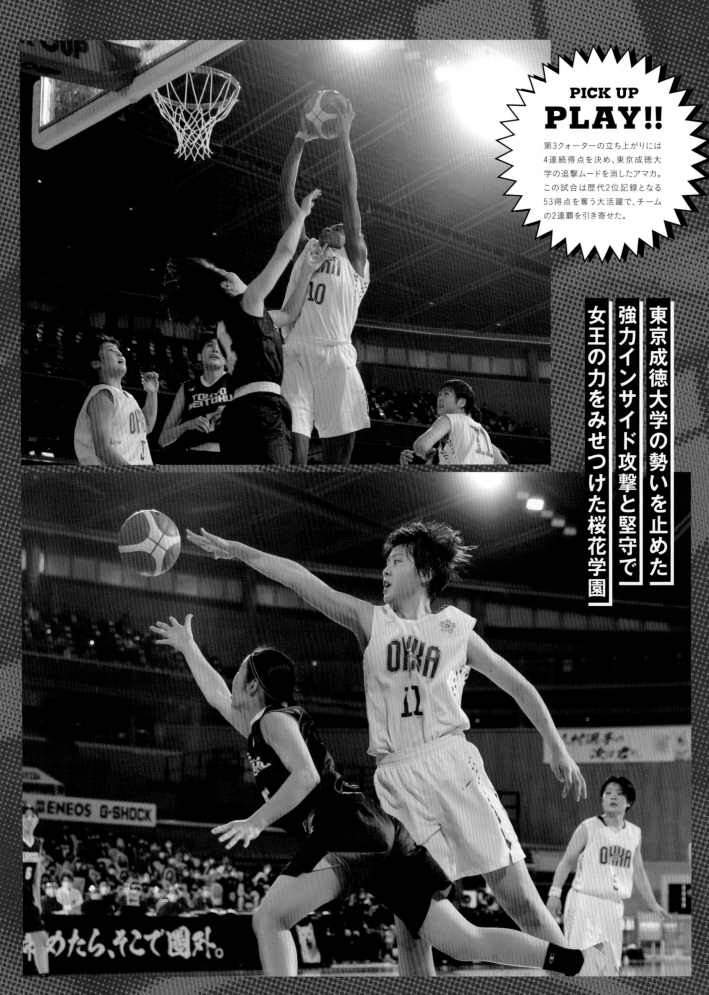

東京成徳大学の勢いを止めた
強力インサイド攻撃と堅守で
女王の力をみせつけた桜花学園

桜花学園 #4 江村 優有

桜花学園 #11 朝比奈 あずさ

東京成徳大学 #4 山田 葵

東京成徳大学 #6 須田 理恵

両校が持ち味を出し切り
勝利への執念を燃やした
決勝戦にふさわしい好試合に!

熱冬ポイント

絶対女王・桜花学園が相手の決勝戦を
自分たちらしいプレーで戦いぬく

江村、アマカらスター選手を擁する桜花学園を相手に、自分たちらしいプレーで決勝戦を戦いぬいた東京成徳大学。追い越すことはできなかったが、指揮を執る遠香コーチをはじめ、チーム全員が一丸となって女王に挑戦した。

柴田学園高等学校（青森県）

北星学園女子高等学校（北海道）

聖和学園高等学校（宮城県）

盛岡白百合学園高等学校（岩手県）

県立山形中央高等学校（山形県）

県立湯沢翔北高等学校（秋田県）

土浦日本大学高等学校（茨城県）　※欠場

帝京安積高等学校（福島県）

前橋市立前橋高等学校（群馬県）

白鷗大学足利高等学校（栃木県）

千葉英和高等学校（千葉県）

正智深谷高等学校（埼玉県）

鵠沼高等学校（神奈川県）

東京成徳大学高等学校（東京都）

東海大学付属諏訪高等学校（長野県）

日本航空高等学校（山梨県）

高岡第一高等学校（富山県）

新潟産業大学附属高等学校（新潟県）

県立足羽高等学校（福井県）

県立津幡高等学校（石川県）

浜松開誠館高等学校（静岡県）

岐阜女子高等学校（岐阜県）

県立いなべ総合学園高等学校（三重県）

安城学園高等学校（愛知県）

京都精華学園高等学校（京都府）

県立草津東高等学校（滋賀県）

三田松聖高等学校（兵庫県）

大阪桐蔭高等学校（大阪府）

和歌山信愛高等学校（和歌山県）

奈良文化高等学校（奈良県）

松徳学院高等学校（島根県）

県立米子南高等学校（鳥取県）

県立広島皆実高等学校（広島県）

倉敷翠松高等学校（岡山県）

県立富岡東高等学校（徳島県）

県立徳山商工高等学校（山口県）

県立新居浜商業高等学校（愛媛県）

英明高等学校（香川県）

精華女子高等学校（福岡県）

高知中央高等学校（高知県）

県立長崎西高等学校（長崎県）

県立佐賀北高等学校（佐賀県）

県立中津北高等学校（大分県）

熊本国府高等学校（熊本県）

鹿児島市立鹿児島女子高等学校（鹿児島県）

県立小林高等学校（宮崎県）

佼成学園女子高等学校（登録数枠／東京）

県立西原高等学校（沖縄県）

札幌山の手高等学校（ブロック推薦／北海道）

白鵬女子高等学校（登録数枠／神奈川）

八雲学園高等学校（ブロック推薦 / 東京）

県立郡山商業高等学校（ブロック推薦 / 福島）

開志国際高等学校（ブロック推薦 / 新潟）

昭和学院高等学校（ブロック推薦 / 千葉）

大阪薫英女学院高等学校（ブロック推薦 / 大阪）

桜花学園高等学校（ブロック推薦 / 愛知）

聖カタリナ学園高等学校（ブロック推薦 / 愛媛）

慶進高等学校（ブロック推薦 / 山口）

実践学園高等学校（開催地 / 東京）

東海大学付属福岡高等学校（ブロック推薦 / 福岡）

COURT KEEPERS

もう1つの WINTER CUP

2020年。最初で最後の全国大会として高校生たちが青春をかけた激闘の7日間。
選手だけでなく、たくさんの仲間たちがWINTER CUP 2020を盛り上げた。

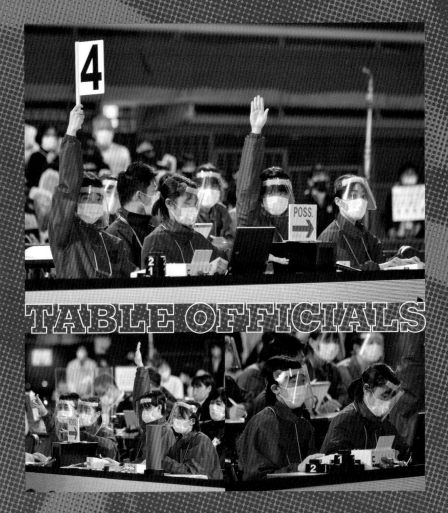

TABLE OFFICIALS

OFFICIALS

TEAMMATES & BOOSTERS

BEST 5 PLAYERS

女子ベスト5

東京成徳大学3年　RIE SUDA

須田 理恵
#6

オールラウンドに躍動し、大事な場面で3ポイントを決めチームに流れを何度も引き寄せた準優勝の功労者。リバウンドにも積極的に絡み、ディフェンスでも欠かせない存在に。

東京成徳大学3年　AOI YAMADA

山田 葵
#4

司令塔として、東京成徳大学の多彩なプレーをコントロール。キャプテンとして精神的支柱にもなり、厳しい場面では仲間を励まし、鋭いドライブと堅守でチームを支えた。

桜花学園3年　YUA EMURA

江村 優有
#4

的確なパスと素早いドリブルでゲームコントロールする天才司令塔。得点能力やディフェンス能力も高く、攻守で相手のチャンスの芽を確実に摘み、チームを勝利へと導いた。

桜花学園3年　OKONKWO SUSAN AMAKA

オコンクウォ スーザン アマカ
#10

2年連続でベスト5に選出された、桜花学園が誇る高校No.1センター。決勝戦では歴代2位となる53得点を記録するなど得点力も高く、今大会ではその圧倒的な強さを証明した。

桜花学園2年　AZUSA ASAHINA

朝比奈 あずさ
#11

桜花学園の強力なインサイドをアマカとともに形成した期待の2年生。1年生の時から身長が伸び185センチとなったことで、全国区でも通用するセンタープレーヤーに成長した。

STAFF

PRODUCER
森田 茂／石丸 純平

EDITOR IN CHIEF
中村 麻由美

MANAGER
阿部 和泉美

EDITOR
安東 渉（EditReal）
四條 智恵／大野 亜希／田 詩梨

SALES
井上 美都絵
植村 知加／茂山 蓮太
増子 裕太／八木 希

WRITER
青木 美帆／庄子 孝信／森田 雄大

DESIGN
中井 俊明（diamond graphica）
中島 由香／寺田 健太／堀 紗紀世
北村 健／内田 早紀

PHOTOGRAPHER
藤田 孝夫／高須 力／二宮 渉
長尾 亜紀／高島 一夫／斉藤 信之

PRINTING
図書印刷株式会社

COOPERATION
公益財団法人日本バスケットボール協会

発行人 三雲 薫
編集人 中村 麻由美

WINTER CUP 2020
OFFICIAL
PHOTO BOOK
2021年2月19日発行

株式会社文化工房　〒106-0032 東京都港区六本木5-10-31　03-5770-7114　落丁・乱丁の場合はお取替えいたします。本書の無断複写、複製(コピー)は著作権法上での例外を除き禁じられています。　ISBN978-4-9908284-9-3

─ 男子ベスト5 ─

山内大学附属明成3年
RYUTO IAHERU YAMAUCHI

山内 ジャヘル 琉人
#10

越田大翔とともに、仙台大学附属明成の攻撃の起点となる大型万能ガード。高い身体能力だけでなく、大事な場面で3ポイントを決める勝負強さで、チームに勝利を呼び込んだ。

仙台大学附属明成3年
TAITO KOSHIDA

越田 大翔
#7

仙台大学附属明成バスケを象徴する、192センチの恵まれた体格と広いシュートエリアが武器のポイントガード。今大会はゲームメイクやディフェンス面でも大活躍した。

仙台大学附属明成2年
IBO YAMAZAKI

山﨑 一渉
#8

「八村二世」として注目される身長199センチの仙台大学附属明成のエース。インサイドでは留学生センターとも互角に戦い、アウトサイドからのシュートも得意なオールラウンダー。

東山3年
REOTO YONESU

米須 玲音
#11

世代No.1ガードと言われる東山の司令塔。ノールックからの正確なパス、そして自らも得点を狙える多彩なオフェンスを武器に、今大会はキャプテンとしてもチームを牽引した。

東山3年
MUTOMBO JEAN PIERRE

ムトンボ ジャン ピエール
#9

206センチの身長と高い身体能力でゴール下を支配する最強のセンタープレーヤー。シュートやパスなど、プレーの質も高く、決勝戦では22得点22リバウンドのダブルダブルを記録。

CHAMPIONS COACH

男子 | **仙台大学附属明成** | **佐藤 久夫** コーチ

仙台大学附属明成を強豪校にし、あの八村塁を育て上げた宮城の名将。常に高いレベルを意識したチームをつくりあげ、2人の主力選手を怪我で欠いた今大会でも、その采配で見事3年ぶり6回目の優勝を勝ち取った。

女子 | **桜花学園** | **井上 眞一** コーチ

渡嘉敷来夢、高田真希ら日本代表を数多く輩出する王者・桜花学園を、1986年から指揮する高校バスケ界のレジェンド。コロナ禍で迎えた今大会でも、しっかりと勝てるチームをつくり上げ2年連続23回目の優勝を果たした。